INHALT

I.

Erste Begegnung

Eine Feder galoppiert über das weiße Briefpapier. „Li, Lie, Liebe" [1], schreibt Ernst Barlach an Marga Böhmer. Er bedankt sich beim lieben Gott, der sich völlig verausgabt haben muß, indem er ihn mit dieser Frau segnete.

Einige Monate zuvor, am 22. Juni 1926, ist die Anrede noch förmlich: „Sehr geehrte Frau Böhmer." [2] Barlach entschuldigt sich für die Torheit, daß er ihr sein schweres Herz ausschüttete, und für die unüberwindliche Sehnsucht nach einem vertraulichen Gespräch. Was hat er ihr mit seiner Offenheit über seine Gefühle nur zugemutet?

Doch zwei Sätze weiter bettelt er bereits um ein nächstes Treffen. Ausführlich beschreibt er, an welchen Tagen er im Café ist, wann er im Atelier arbeitet, zu welchen Zeiten er Pausen macht. Er lockt Marga, indem er verspricht zu erzählen, was er aus ihrem Stückchen Ebenholz machen will. Nur warten soll sie nicht mit dem Schreiben oder Kommen. „Ich bilde mir ein, Ihnen fehlt etwas." [3]

Barlach fehlt Marga sehr. Er ist verliebt bis über beide Ohren. Und als sie tatsächlich kommt, schwärmt Barlach vom Frieden und der Lust der schönen Lebensstunden mit ihr. „... es ist ja erst der Anfang unseres Vertrautseins, ich hätte fast geschrieben: Getrautseins." [4]

Barlachs Namen wird Marga nie tragen. 31 Jahre nach dem

Brief Ernst Barlachs an Marga Böhmer

Tod des geliebten Mannes wird sie 1969 namenlos an seiner Seite begraben. „Auch Frau Böhmer läßt schön grüßen" [5], steht am Ende bisher veröffentlichter Barlachbriefe. Mehr ist aus ihnen von ihr kaum zu erfahren.

Fragt man in Güstrow, wer sie war, bekommt man die verschiedensten Antworten, und alle sind kurz:

Barlachs Lebensgefährtin, eine gute Hexe, eine schrullige Alte, Barlachs Haushälterin, Hüterin der Gertrudenkapelle. Die Jüngeren sagen: „Sie ist mir völlig unbekannt."

1969 höre ich zum erstenmal den Namen Marga Böhmer. Es ist Herbst, und ich komme zum Studium nach Güstrow. Ich ahne damals noch nicht, daß dieses Provinzstädtchen einmal meine Heimat wird. In der ersten Studienwoche steht ein Besuch der Barlach-Gedenkstätten auf dem Plan. Vor der „Gefesselten Hexe" fordert der Mann, der uns Barlach erklärt, mich auf, die Hände zu berühren. „Was spüren Sie?", fragt er. „Sie sind lebendig", sage ich, und alles um mich herum grinst.

Von Marga Böhmer höre ich an diesem Tag nur, daß sie Barlachs Lebensgefährtin war, für die Hände der gefesselten Hexe Modell saß und viele Jahre in dieser Kapelle wohnte. Daß sie vor einem halben Jahr noch lebte, erfahre ich im Herbst 1969 nicht, denn Fragen stellt keiner von uns.

Erst viel später, als mir diese Kunst vertrauter wird, interessiert mich auch Barlachs Leben.

Anfang der 90er Jahre denke ich oft an die Frau an seiner

Seite. In einer Zeit, in der ich ständig höre, daß sich nun jeder selbst der nächste ist, werde ich immer neugieriger auf Marga, von der man sagt, daß sie völlig ohne Eigennutz war.

1992 suche ich Zeitzeugen. Auf meine Annonce bekomme ich über 20 Anrufe. Wochenlang bin ich unterwegs. Stundenlang höre ich einsamen alten Menschen zu. Tagesabläufe vor mehr als 30 Jahren werden erzählt, als wären sie gestern passiert. Niedergeschlagen notiere ich nach der langen Besuchszeit ein oder zwei Sätze zu Marga. Die kleine zierliche Frau ward gesehen auf der Straße oder im Café. Sie wurde beobachtet am Heidberg oder in der Gertrudenkapelle. Andere Güstrower laden mich ein, um mir kurz und knapp zu sagen, daß es Frau Böhmer ganz gewiß nicht gefallen würde, wenn man sich mit ihr beschäftigt. „Nie hat sie sich in den Mittelpunkt gestellt. Sie war stets nur für den Meister da. Lassen Sie doch die Frau in Ruhe, und sehen Sie ein, daß wir unsere Erinnerungen an sie für uns behalten wollen."

Verschlossen bleibt 1992 zunächst für mich auch das Archiv in der Barlach-Gedenkstätte am Heidberg. Frau Böhmers Erbe hätte sich gemeldet, lautet die Begründung. Es dauert lange, bis ich den Namen erfahre und an die Adresse komme. Er ist der Mann von Margas verstorbener Nichte. Ich schreibe sofort und warte auf ein Treffen mit Herrn Odo Bruhns. Danach darf ich in Güstrow Briefe einsehen, die Marga von Freunden, Bekannten und Verwandten bekam. Ein großer Stapel Hefter liegt vor mir. Ich mache mir nur wenige Notizen aus den Gesundheits- und Wetterberichten. Auf meiner Postkartei steht hinter vielen Adressen der Vermerk: keine Antwort, keine Auskunft, kein Material. In meinen wenigen Aufzeichnungen häufen sich widersprüchliche Aussagen – eine Sammlung von Legenden. Wahrheit, Erfindungen und von den verschiedensten Wünschen geprägte Erinnerungen sind miteinander verstrickt wie Ketten in einem Schmuckkästchen.

„Wer als Zugereiste die Geheimnisse dieser Stadt ergründen will, muß sich in Geduld üben", sagt mir ein Einheimischer.

Es fällt mir schwer zu begreifen, daß mir gar nichts anderes übrig bleibt.

Doch 1994 geschehen Dinge, die erst Anfang des nächsten Jahres durch einen Zufall an die Öffentlichkeit kommen. Am 17. Januar 1995 ist im „Güstrower Anzeiger" zu lesen, daß Marga Böhmers Nachlaß die Stadt verläßt.

Menschen, die Marga wirklich kannten, melden sich nun plötzlich bei mir. „Wenn das, was ihr gehörte aus der Stadt geholt wurde", sagen sie, „dann sollen wenigstens die Erinnerungen an sie festgehalten werden." Antworten auf Briefe, die ich nicht mehr erwartet habe, treffen ein. Durch einen Zufall komme ich zu über 30 Karten, die Marga einer Freundin in den fünfziger Jahren geschickt hatte. Die Nichte dieser Frau überläßt sie mir nach langem Zögern für einen Tag. Der Erbe von Marga Böhmer, Herr Bruhns, schickt mir 70 Karten und Fotos. Die wertvollste Post erhalte ich von ihm im Frühjahr 1995.

Mehr als 40 Briefe liegen vor mir. Barlach teilt seine tiefsten Empfindungen einer Frau mit, die er als seine Frau erkannt hatte. Die Briefe sind Zeugnisse einer großen Liebe.

In welchem Jahr sie begann, ist noch immer ein Rätsel für mich.

Von zweimal sieben Jahre Leben mit Barlach sprach Marga zu Freundinnen. War das Jahr 1924 wirklich das Jahr ihrer ersten Begegnung?

Anfang der zwanziger Jahre soll Marga mit ihrem damaligen Mann Bernhard Böhmer nach Mecklenburg gekommen sein. Wann genau das war, ist wohl nicht mehr herauszubekommen. Kennengelernt haben sich die zwei auf der Kunstgewerbeschule in Bielefeld. Marga ist die einzige Schülerin in der Bildhauerklasse von Hans Perathoner. Wann genau das ist, konnte ich nicht ermitteln. Bekannt ist nur, daß Perathoner von 1907 bis 1914 an der Kunstgewerbeschule in Bielefeld lehrte. Am 10. Dezember 1913 schreibt Marga aber bereits aus Krefeld. Sie entschuldigt sich bei ihrer Schwester Phia, daß sie nicht zur Taufe kommen kann. „... *tut mir leid, dass ich dem kl. Balg die Ehre nicht geben kann, feierlichst in der Kirche zu erscheinen ... ich käme ja gerne, wenn der Mamon und die Zeit es erlaubten. Aber es wird Weihnacht. schon schwer fallen, da ich eine Pelikangruppe angefangen und nebenher noch eine lebensgroße Architektur für 1 Brunnen. Du glaubst nicht, wie ein Anfänger in diesem Beruf schaffen muss ums Brot und um bekannt zu werden. Als Mädl muss man den Leuten das Doppelte zeigen ...*" [6]

11

Brief Ernst Barlachs an Marga Böhmer
vom 22. März 1926

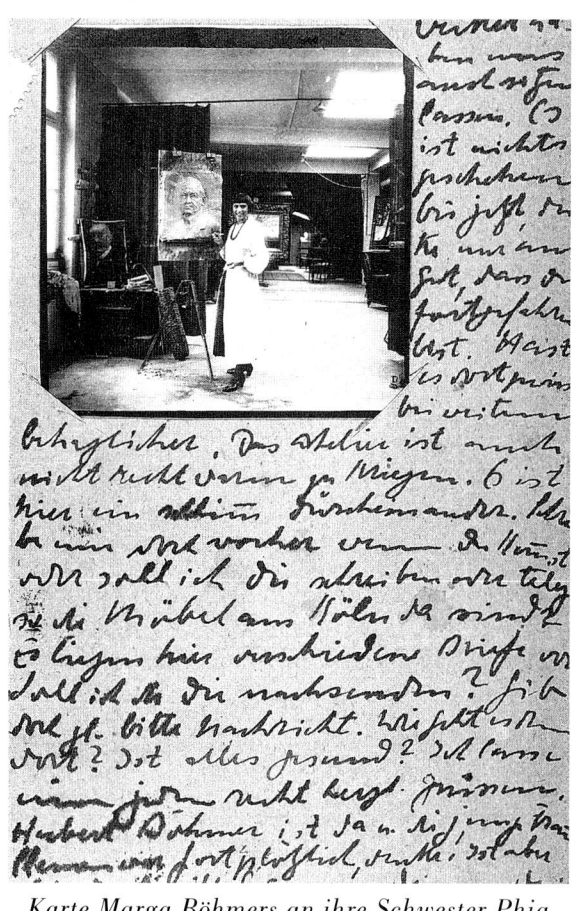

Karte Marga Böhmers an ihre Schwester Phia
vom 26. Oktober 1917

Am 26. Oktober 1917 schreibt Marga noch immer oder schon wieder aus Krefeld. Sie berichtet ihrer Schwester Lilly, daß sie auf die Möbel wartet und es im Atelier so ungemütlich kalt ist. Ein Foto, das sie auf die Karte geklebt hat, zeigt Marga lächelnd vor einer Staffelei, auf der ein Männerporträt steht. Es ist das Jahr, in dem sie und Bernhard Böhmer heiraten. Erzählt wird mir, daß er ein begabter Maler war. Schon als 10jähriger Junge wird er in einer Berliner Zeitschrift als Wunderkind auf dem Gebiet der Malerei vorgestellt. Am liebsten malt er Landschaften und Pferde. Von wem das Ehepaar Böhmer Aufträge erhielt, und ob es vom Verkauf der Arbeiten leben konnte, weiß ich nicht.

Die Besetzung des Rheinlandes 1918 soll das Ehepaar Böhmer zur Umsiedlung nach Mecklenburg gezwungen haben, berichtete Marga später mehrmals. Ob sie sich wirklich zuerst auf einem Gut in Liepen aufhielten, scheint anfänglich kaum noch zu ermitteln. Immerhin gibt es allein in Mecklenburg sechs Orte mit diesem Namen. Ich bin froh, als ich in einem Brief von Marga an ihre Schwester Phia wenigstens einen Satz über ihr Leben auf einem Gut finde. Marga schreibt, daß sie durch Gutsfreunde zur großen Honigkennerin wurde. Erst nach Jahren erfahre ich, in welchem der vielen Orte namens Liepen die Böhmers einmal lebten. Nur noch ein Mauerrest steht dort von ihrem ehemaligen Gutshaus.

Von dem Glück einer zufälligen Begegnung mit einer Frau, die sich noch genau erinnert, was ihr Vater ihr von dem sonderbaren Paar auf dem Gut berichtete, will ich später erzählen.

Ähnlich schwierig ist es zu ermitteln, wo Marga und Bernhard Böhmer ab 1922 in Schwaan wohnten. Erst 1996 erfahre ich, daß Margas Schwester Phia sie dort besuchte.

Und weil sie keine Lust hatte, den weiten Weg vom Bahnhof bis zum Böhmerhaus zu gehen, zog sie einfach die Notbremse des Wagens. Durch den erzwungenen Halt waren es nur noch ein paar Schritte. Meine Suche nach dem Haus blieb wohl deshalb so lange ergebnislos, weil ich es immer in der Stadt selbst vermutete. Mit der Hilfe eines Heimatforschers aus Schwaan läßt sich dann endlich die Warnowvilla als ehemaliger Wohnsitz der Böhmers ausmachen.

Die zwei Versuche des Künstlerpaares, auf dem Lande zu leben, scheinen schon früh gescheitert zu sein.

Am 2. Januar 1924 schreibt Marga zwar noch aus Schwaan, aber noch im gleichen Jahr ziehen sie und ihr Mann nach Güstrow. In unmittelbarer Nähe des Inselsees kaufen sie ein Sommerhaus, das sie nach ihren Vorstellungen umbauen lassen. Wenige Jahre später wird es das Nachbarhaus von Barlachs großem Atelier am Heidberg.

War die erste Begegnung mit dem Künstler ein Zufall, oder suchten die Böhmers ihn? Erzählt wird, daß Marga und Bernhard Barlachs Schüler werden wollten. Gehörten sie zu der Horde junger Maler, über die sich Barlach am 22. März 1925 in einem Brief an den Bruder Hans empört?

„Ich wurde derart belästigt, im Hause und im Atelier, daß ich sogar draußen, im Felde, im Bahnhof nicht mehr ungestört war. Schließlich ward ich saugrob und schloß mich bei der Arbeit ein." [7]

Wenn auch die Böhmers unter den Verfolgern waren, muß wenige Zeit danach etwas passiert sein, was ihnen Barlachs Tür öffnete. Den beiden wird Einlaß gewährt, und sie bringen dem Meister ein Erfrischungskästchen.

Am liebsten möchte Marga am Silvestertag 1925 die Blumen für Barlach persönlich überreichen. Aber ihr Mann ist fortgefahren. Allein will sie nicht kommen. Marga schickt einen alten Forstarbeiter, den sie und Barlach gut kennen, mit den Nelken und einem Brief. Sie wünscht Barlach für das neue Jahr neue Kräfte, neues Glück und ein neues Leben und bedankt sich für Barlachs Güte und Geduld. Erfahren soll Barlach auch, daß eine Revolution in ihr Inneres gedrungen ist, die ihr eine Riesenkraft verleiht. *„Und sollte ich noch ein Jahr verloren beten, Gott bittend, mir diese Leidenschaft, die ja mein ganzes Fühlen, Denken u. Wollen in ihre Dienste stellt u. beherrscht, wieder aus dem Herzen zu nehmen – so muß ich mich am Ende damit trösten, dass besser Kraft diese Leiden mir verursacht, als ein Leben ohne Kraft, ohne Inhalte."* [8]

Wenige Monate später verbringt Barlach Abende, halbe Tage, Morgen und Nächte im Böhmerhaus am Inselsee. Am 3. Juli 1926 berichtet Barlach seinem Bruder Hans von diesen Bekannten, bei denen er sich mit einem Bein wie in der

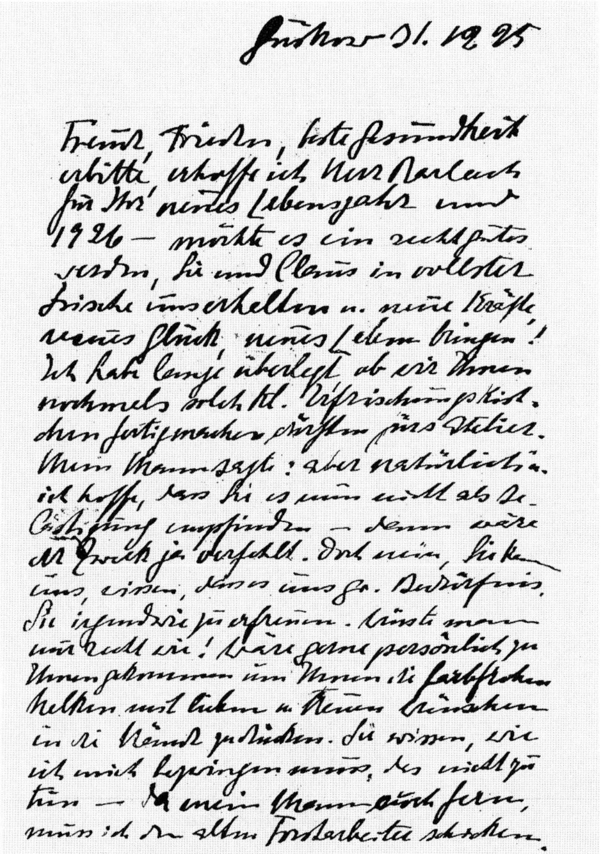

Güstrow 31. 12. 25

Freude, Frieden, beste Gesundheit erbitte, erhoffe ich Herr Barlach für Ihr neues Lebensjahr und 1926 — möchte es ein recht gutes werden, Sie und Claus in vollster Frische uns erhalten u. neue Kräfte neues Glück, neues Leben bringen! Ich habe lange überlegt ob wir Ihnen nochmals solch kl. Erfrischungskistchen fertigmachen dürften fürs Atelier. Mein Mann sagte: aber natürlich u. ich hoffe, dass Sie es nun nicht als Beleidigung empfinden — denn wäre der Zweck ja verfehlt. Doch nein, Sie kennen uns, wissen, dass es uns gr. Bedürfnis Sie irgendwie zu erfreuen. Wüsste man nur recht wie! Wäre gerne persönlich zu Ihnen gekommen um Ihnen die farbfrohen Nelken mit lieben u. treuen Wünschen in die Hand zu drücken. Sie wissen, wie ich mich bezwingen muss, das nicht zu tun — da mein Mann auch fern, muss ich den alten Forstarbeiter schicken.

Der Neujahrsbrief Marga Böhmers an Ernst Barlach vom 31. Dezember 1925

Sommerfrische fühlt. Was sonst noch daran hängt, will Barlach nicht eröffnen. Noch soll keiner wissen, daß er sich wieder einmal in die Frau eines anderen verliebt hat.

1921 wollte er die Frau seines Freundes Friedrich Schult für sich gewinnen. Aber diesmal ist alles anders.

Friedrich Schults Frau war ihm „schrecklich rätselhaft". Von Marga schreibt er, „Für mich bist Du weder Rätsel noch Problem". [9]

Jetzt sind keine Kinder im Spiel, die „entvatert oder entmuttert" werden. Marga ist kinderlos. Barlach dringt nun nicht in eine Ehe ein, in der „immer alles in allerbester Ordnung gewesen" ist. Marga und Bernhard Böhmer gehen schon lange ihre eigenen Wege.

Wird diesmal Barlachs Liebe erwidert? Wird endlich seine Sehnsucht nach Zweisamkeit gestillt? Er ist ja nicht in die Einsamkeit verliebt, wie so viele heute noch von ihm glauben. Barlach hat lange Zeit unter ihr gelitten. In den gemeinsamen Jahren mit der Mutter fehlten ihm „Wärme und Freudigkeit". Weder sein Sohn noch die Haushälterin sind ihm gleichgesinnte Gesprächspartner. In der kleinen Stadt findet er nur wenig Menschen, die wie er empfinden und denken, denn Barlach ist wählerisch, und das auch bei der Suche nach seiner Frau.

„Ich denke, ich werde keine Frau bekommen", befürchtet er 1915, „keine, die mir recht ist, die weiblichen sind mir zu ungeistig und die geistigen zu unweiblich." [10] Die Damen aus der Großstadt sind Barlach erst recht ein Greuel. „Wenn

Marga Böhmer

man in Berlin wo eingeladen ist, da sitzt man zwischen Frauen, so zart und zerbrechlich, halb Gretchen und halb Ophelia, und zu Hause machen sie ihren Männern das Leben zur Hölle." [11]

Wie beneidet er Rembrandt um sein Weib. „Vaterunser-gläubigkeit ans Leben" [12], haucht Barlach, wenn er Saskia sieht. Welch eine Frau? Sie strahlt dem großen Künstler ein bißchen von dem ewigen Aberglauben der Jugend zu.

Sieht der 56jährige Barlach in der 17 Jahre jüngeren Marga seine Saskia? Ist sie die lang gesuchte Frau? Eine Frau, die ihn fesselt und nicht lähmt? Ein Leben mit Marga wäre ihm wie ein Himmelsgeschenk.

Ende 1926 nennt er sie in seinen Briefen nicht mehr „Sehr geehrte Frau Böhmer", sondern „liebe Marga" oder „lieber Jeter". [13] Barlach unterschreibt die Liebesbriefe mit Peterken oder seinem Kindheitsnamen Dege. Wenn er auf Reisen ist, beteuert er in seiner Post immer wieder: „Kind, Jeter, wie ich mich aufs Wiedersehen freue … Du bist mir so kostbar, daß ich keine Ausdrücke dafür suchen mag … Ich fühle tief, daß wir, d.h. Du und ich, in einer Schicksals-gemeinschaft stehen." [14]

Aber er gibt zu bedenken: „… es war immer etwas in mir lebendig mich zu mahnen: Vergiß nicht, denk daran, weißt du wohl, was du deins nennen darfst?" [15] Barlach weiß, daß sich nichts erzwingen läßt. Aber ohne Margas Antworten zu kennen wird durch jeden weiteren Brief deutlich, daß es um die beiden längst geschehen ist.

Auschnitte von Briefen Ernst Barlachs an Marga Böhmer,
20er Jahre

Am 24. Mai 1926 bittet Barlach Vetter Karl um Hilfe. „Also: Ein Ehepaar will sich scheiden lassen. Sie hat sich seit fast zwei Jahren versagt, er hat, was er nicht leugnet, rücksichtslos mit vielen fremden Frauen verkehrt. Sie wünschen beide baldige Scheidung. Keine Kinder. Nun ist ein Umstand, daß ein hiesiger Richter dem in Frage kommenden Anwalt und der Frau aus einem gewissen Anlaß nicht grün ist, man fürchtet hinhaltende Schikane und möchte die Sache vor ein anderes Gericht bringen." [16]

Am 4. Juni 1927 werden Marga und Bernhard Böhmer in Rostock geschieden. Die Klatschmäuler in Güstrow stehen nicht mehr still. „Wie kann man nur so einen schönen Mann wie den Böhmer gegen den alten Barlach eintauschen." Das Skurrilste, was ich in Güstrow hörte, war, daß die Trennung von den Eheleuten geplant war, um Barlach einzuwickeln und auszunehmen. Verwundert waren damals viele, daß die Böhmers auch nach der Scheidung noch zusammen gesehen wurden. „Und stellen Sie sich vor, die sprechen sogar noch miteinander, und gefrühstückt wird am Inselsee immer noch zu dritt. Aber das scheint bei Künstlern wohl so üblich zu sein."

Noch immer wird in Güstrow darüber gestritten, wo sich die drei das erste Mal begegneten. So sehr sich die Orte auch unterscheiden, stets ist vom „schlingernden Barlachlöffel" die Rede.

Am genauesten scheint mir diese Begegnung in einem Artikel geschildert zu sein. 1963, als Marga noch lebte, wird er in

Marga und Bernhard Böhmer
in Güstrow

*Das Böhmerhaus in den Heidbergen
in Güstrow*

26

Marga Böhmer, Ernst Barlach
und Bernhard Böhmer
im Garten am Heidberg

der „Neuen Berliner Zeitung" veröffentlicht. Nach diesem Bericht sahen Bernhard und Marga in einem Güstrower Café einen nicht mehr jungen Mann.

„Böhmer beachtet mißtrauisch, daß seine Frau kaum den Blick von ihm wenden kann. ‚Ein Strolch! Guck mal, die zerfransten Ärmel!' Sie widerspricht lebhaft. ‚Das ist kein Strolch. Schau dir doch nur diese Hände an.' Und noch etwas fällt ihr auf. Der Fremde hebt gedankenvoll einen Löffel Kaffee aus der Tasse und versetzt ihn in schlingernde Bewegungen. Doch kein Tröpfchen geht verloren. Geradeso, wie ein Bildhauer die flüssige Gipsmasse bewegt.

Als das Ehepaar Böhmer ein halbes Jahr später auf der Suche nach einem Wohnsitz abermals nach Güstrow kommt, zieht es Marga zurück in jenes Café. Der ‚Strolch' ist Stammgast, wie zuvor. Der dicke Kellner, den sie fragt, meint, daß jener wohl Künstler sein müsse. Wenn das Unterhaltungskonzert beginnt, verließe er übrigens regelmäßig das Café. Aber wie er heißt, das wisse er auch nicht. In der Nacht wacht Marga plötzlich auf. Rüttelt ihren Mann aus dem Schlaf: ‚Rasch, steh auf! Hol mal das kleine Künstlerlexikon rüber.' Und sie hat sich nicht getäuscht, der Fremde ist abgebildet. Er heißt – Ernst Barlach. Am nächsten Tag soll Böhmer den Meister zu ihnen zu Tisch bitten. Er muß sich Mut antrinken. Barlach erklärt, er habe selbst einen Hausstand und esse zu Hause. Aber sie würden sich ja wiedersehen. Wenige Tage später sitzt er bei Marga am Tisch. Und nach dem zweiten Schwedenpunsch erklärt sie ihm, wie gerne sie beide seine Schüler hätten werden mögen; ob nicht doch jetzt ... Barlach lehnt ab. Er hatte nie Schüler. Aber in sein Atelier lädt er sie ein: ‚Es wird auch saubergemacht, wenn Sie kommen!'

Marga ist in Ateliers aufgewachsen. Dennoch, solche Kargheit hat sie nie zuvor gesehen. Auf einer Kiste läßt sich Barlach neben ihr nieder und beginnt, ihr vorzulesen. Liebeslyrik. Sie ist verlegen, möchte gerne seine Plastiken und Modelle betrachten. Allein in seiner Gegenwart kann sie sich nicht konzentrieren. Und zum ersten Mal erlaubt Barlach jemandem, das Atelier ohne ihn zu betreten." [17]

Was in diesem Artikel Atelier genannt wird, ist ein ehemaliger Pferdestall im Hinterhof der Schützenstraße 30. Barlach muß von seiner Wohnung in der Schweriner Straße nur um die Ecke gehen. Margas Weg ist viel weiter. Ihr Haus steht am Inselsee in den ruhigen Heidbergen.

In der weiß gekalkten Werkstatt treffen sich Marga und Barlach vermutlich das erste Mal allein. 1945, 20 Jahre später, wird Marga an diesen Ort zurückkehren mit Hölzern, Gipsen und Grafiken vom Meister und ihrem Hausrat.

Doch bei den ersten Treffen im ehemaligen Pferdestall ahnt sie nicht, welche schlimmen Zeiten sie an der Seite des geliebten Mannes und in dieser Stadt durchstehen muß. Jetzt ist das Leben noch gut. Und wenn sie sich für ein paar Tage nicht in Güstrow sehen können, dann schreiben sie sich.

II.

Die kurze, gute Zeit

Schnell, ganz schnell geht Marga durch die Wiesen nach Klueß. Es ist der gleiche Weg, den sie am Sonntag mit Barlach ging. Endlich kommt er. Sie sieht ihn, den Zug nach Berlin, in dem Barlach sitzt. Noch einen Blick von ihrem Liebsten will sie erhaschen und ihm zuwinken. Wagen um Wagen zieht an ihr vorbei. Barlach hat sie nicht gesehen. Wie traurig sie darüber ist, schreibt sie ihm auf einer Karte, die schon sehr alt ist. 1909 brachte Marga sie aus Paris mit.

Barlach geht es ähnlich. An vielen Nachmittagen geht er einzig und allein durch Güstrow, um Marga zu treffen. Doch sie begegnen sich nicht. Abends legt er seinen Kopf auf das Kissen, das Marga ihm geschenkt hat, und lauscht, ob es nicht Worte von ihr in sich behalten hat. Er versucht sich an ihre Stimme zu erinnern und rätselt, „ob Klang wohl zu den Dingen gehört, die man sich erinnernd nicht vorstellen kann". Diese und andere Fragen, seine Empfindungen und Unsicherheiten füllen die Seiten der Liebesbriefe. „Immer bin ich bei Dir! Immer Dein! Immer mehr möchte ich der sein, den Du meinst. Da ich mir den Namen selbst gegeben, schreib ich getrost! Dein Dege." [18]

Barlach ist voller Sehnsucht, „Sehnsucht aus allen Gründen, die Sehnsucht schaffen". [19] Er sitzt im Café Borwin und schreibt auf der Rechnung einen Brief an Marga. Er muß

Marga Böhmer in den Heidbergen

wissen, wie sie nach Hause gekommen ist. Ganz allein hat er sie so spät bei Regen und Hagel von der Stadt in den Heidberg gehen lassen. Aber er hat gut geschlafen, weil Marga ihm „Frische und glückliche Zustände" brachte. Sie hat ihn „eingeschaukelt in guter Gnade". [20] Es geht ihm gut, doch am besten fühlt er sich, wenn Marga in seiner Nähe ist.

Wenn er auf Reisen ist, bittet er, daß sie ihm gut bleiben soll, und er sorgt sich, ob bei seiner Rückkehr der süße Jeter noch derselbe süße Jeter ist. Barlach versichert, daß sich bei ihm Herz, Lunge, Eingeweide, Plattfüße, Speckseiten und Hautfalten nicht verändert haben. Er kann kaum erwarten, daß Margas Hände ihn wieder streicheln. Wie gern wäre er der Herd, der sie erwärmt. „Warte nur auf die Stunde, diese Nacht dämmert schon am Horizont." [21] Am liebsten möchte er seinen Kuraufenthalt in Bad Kissingen abbrechen und zu Marga in den Heidberg stürmen. Sie ist so gräßlich weit weg von ihm, und seine Sehnsucht ist so groß.

Es ist das Jahr 1927. Barlach nennt es das bewegteste in seinem Leben. Im Böhmerhaus bewohnt er ein Zimmer. Es ist für ihn der lang gesuchte Ort der „Zuflucht und Ruhe". Beschrieben finde ich die Räumlichkeiten stets so, als wäre Barlach dort der alleinige Hausherr. Wo lebte Bernhard Böhmer? Wo waren Margas Räume, und wie sah die Küche aus?

Aber von der wohltuenden Zweisamkeit hat Barlach, der sich nun wie Hans im Glück fühlt, in einigen Briefen berichtet. „Frau Böhmer und ich, leben einig miteinander und sind

Marga Böhmer und Ernst Barlach in Bad Kissingen

ruhig in einer schönen Gegenseitigkeit. Ich fühle, daß in mir eine Lücke geschlossen wird, daß mein Leben runder und völliger geworden ist." [22]

„Gut versorgt und behütet" kann er schnitzen, formen, zeichnen und schreiben. In alle seine Arbeiten bezieht er Marga mit ein. Sie liest seine Manuskripte. 1956 erinnert sich Marga in einem Brief: *„Er hat mir den Grafen von Ratzeburg damals ganz vorgelesen, lag schon in Reinschrift vor. Solch ein Abend wurde von E. Barlach immer sehr feierlich gestaltet mit Wein und guten Dingen."* [23]

Barlach gibt Marga zu bedenken, was ich nach dem Lesen
der Liebesbriefe nur bestätigen kann, seine Schrift ist nur
mühsam zu entziffern. Marga soll es lassen, wenn es gar nicht
geht, und doch kann Barlach ihr Urteil kaum erwarten. In der
Werkstatt muß er Margas Schaffensdrang sogar bremsen. Es
gelingt ihm nur, wenn er seine Finger unter ihren Meißel legt.
Und auch in seinen Briefen „ist Frau Böhmer, ohne die Feder
anzusetzen, in Manchem Mitschreiberin". [24] Sie ist sein
„dankbares Publikum" [25] beim Vorlesen neuer Texte. Behag-
licher wird es nun auch für Barlachs Besucher. Marga bewir-
tet sie in dem extra dafür eingerichteten unteren Raum in
ihrem Haus. „Eine großzügige Gastgeberin und interessante
Gesprächspartnerin", loben die einen, „sie redet zu viel,
reicht alles im Überfluß, kann nicht planen und kochen schon
gar nicht", sagen andere. Bestätigt wird mir von allen, daß
Marga Barlach zu ungestörten Arbeitsstunden verhalf. Ihr Re-
spekt vor seinem Tun war ihr heilig. Keiner kam an ihr vorbei, wenn der Meister an seinem Schreibtisch saß. Unterstützung für ihn kommt jedoch nicht nur von Marga, sondern auch
von ihrem geschiedenen Mann. „Ich danke Böhmer für seine
Geschäftigkeit zu meinem Besten" [26], schreibt Barlach während einer Reise und bittet Marga, Grüße auszurichten. Der
Meister kann sich voll auf seine eigentliche Arbeit konzentrieren und ist äußerst produktiv. In den Büchern über ihn
läßt sich nachlesen, was alles in diesen glücklichen Jahren
entstand.

Es ist die Zeit, die Barlach „Teeromantik im Heidberg-

Marga Böhmer

Schlafzimmer von Barlach im Böhmerhaus

haus" nennt. 1953 wird Marga über diese Jahre an ihre Freundin Annalise Wagner schreiben: „*Wie hätte es Dir wohl in dem kleinen Eldorado gefallen! Die herrliche Atmosphäre dort, die alle Besucher gefangen nahm, daß sie oft nicht gleich sprechen konnten – das alles hättest Du erleben müssen. Die alten schweren und kostbar geschnitzten niederrheinischen Bauernmöbel, alles aus dem gleichen Jahrhundert. Wir haben lange daran gesammelt. Auf der blauen Wand (ähnliches Blau wie hier im Kapellchen), die roten altbäuerlichen Gardinen und das reichgeschnitzte und bedachte große Bauernbett aus 1700, verschönt noch alles und verzaubert durch die Sonnen-*

Wohnzimmer im Böhmerhaus

strahlen, abends ganz besonders, schöne Farbeffekte, das alles war schon ein selten herrlicher Klang ... " [27]

Marga und Barlach genießen die Abende. Sie beide lieben Rotwein. Durch das Fenster schaut ein Zipfel vom Inselsee. Spät stehen die beiden auf, denn sie halten zu gern an den Abenden fest. Im Sommer frühstücken sie im Garten. Boll, der von Marga allzu gut genährte Setter, und Baldo, die schwarze Dogge, sind stets dabei. Manchmal auch Rex, der Hund von Bernhard Böhmer. Alle Hunde werden festgehalten, wenn der Postbote kommt. Noch muß Marga ihm nicht entgegengehen, um Drohbriefe oder Schmähschriften abzufangen. Jetzt gibt es noch gute Nachrichten und immer öfter Bittschreiben an den großen Künstler, mit denen Barlach kaum umgehen kann. Soll er nun 10 oder 50 oder gar 100 Mark geben? Ich wüßte gern, was Marga ihm geraten hat.

Noch heute bewundern viele ihre Güte. Aber nicht nur darin gleicht sie Barlach. Was er von sich selbst sagt, daß er viel Christ, viel Heide, viel Buddhist, viel sonst ist, nordisch, gespenstisch und hexensüchtig, trifft bis auf das Nordische auch auf Marga zu. Sie beide sehen, hören und spüren, was anderen Menschen verborgen bleibt. Gemeinsam versuchen sie Träume und Erscheinungen zu deuten. Rutengänger werden ins Haus geholt, um Kraftfelder aufzuspüren. Danach wird Margas Bett im Hause umgestellt. Übersinnliches ist weder ihr noch Barlach fremd.

Gewiß hat Barlach auch Marga von dem Zwerg erzählt, der den Menschen Dinge versteckt und sich diebisch freut, wenn man beim Suchen flucht und sich ärgert. Barlach war der Meinung, daß jeder Mensch so einen Zwerg besitzt. Und Marga mag nicht nur mit einer Freundin über die Gestalt gesprochen haben, die sie hinter Barlach erblickte, wenn er an seinen Dramen schrieb. Nach seinem Tod hört sie ihn in den Nächten klopfen, wandeln und schlurfen. Sie fühlte sich gut, wenn der Meister zugegen war.

„Ganz unruhig wurden die Hunde", erzählen mir Güstrowerinnen, „wenn die Stunde gekommen war und Barlach Marga als schwaches Licht erschien."

Marga Böhmer und Ernst Barlach
im Garten am Heidberg in Güstrow

Aber über Margas Leben in der Gertrudenkapelle soll erst später berichtet werden. Noch ist sie nicht allein. Noch lebt sie an Barlachs Seite. Ein Paar, das von den Kleinstädtern neugierig beobachtet wird.

In dieser Zeit werden Arbeiten von Barlach in ganz Deutschland ausgestellt. „Im Moment bin ich schrecklich populär", sagt er und stellt nach 18 Jahren Leben in Güstrow fest, daß man ihn nun in Gnaden hier annimmt. „Ich gehöre jetzt mit dazu. Die Güstrower denken: Feine Leute haben auch feine Künstler!" [28]

Die 700-Jahr-Feier der Stadt verbringen er und Marga „zufrieden mit der Einsamkeit der Wälder". Erfahren haben sie, daß die Stadtväter bestrebt sind, in den Besitz von 60 Barlach-Originalen zu kommen. Der Künstler hofft, wenn auch mit Skepsis, daß seine Arbeiten so vor dem Zerstreutwerden und Verlorengehen bewahrt würden. Der Gedanke, daß nach seinem seligen Abscheiden, seinen oder seinem Erben eine gewisse Rente zugute kommt, ist laut in einem Brief an Karl Muggly gedacht. Ich nehme an, daß Barlach bei seinen Erben Marga mit eingeschlossen hat, denn er schreibt dies nicht an einen Menschen, der zu Marga in keinerlei Beziehung steht. Karl Muggly ist der Mann von Margas Schwester Phia. Er ist Professor an der Kunstgewerbeschule in Bielefeld. Dort lernte Phia ihn kennen. Diese verwandtschaftlichen Beziehungen nutzt Marga, als Barlach nach einer Gestaltung der Glasfenster für den Güstrower Dom sucht. Sein Engel braucht das richtige Licht. Karl Muggly ist ein guter Glasmaler und Maler. Marga verhilft ihm zu einem guten Auftrag, und Barlach ist sehr zufrieden.

Im geschäftlichen Umgang mit Güstrows Stadtvätern sind Marga und Ernst nicht so vertrauensvoll. Beide wollen von der Stadt nie etwas geschenkt bekommen. 1930 versichert Barlach dem Stadtrat, „daß die Anregung des Herrn Böhmer betr. eine etwaige Hergabe eines Baugrundes im Charakter eines Geschenks der Stadt an mich auf keine Weise meine Zustimmung gefunden hat". [29] Da hat Bernhard wieder einmal ganz ohne Absprache gehandelt, und das wird noch öfter so sein, und Marga wird sich einmischen und versuchen Verständnis für drei ganz verschieden geartete Männer aufzubringen. Vom dritten, Barlachs Sohn, war noch nicht die Rede, denn jetzt geht es noch einmal um Barlach, der gerade 60 geworden ist und an diesem Tag mit Marga nach Magdeburg und in den Harz flieht. Sie beide lieben keinen Trubel, und der ganze Gratulationskram frißt Barlach nur Zeit. Ahnt Marga, daß sie für Barlach knapp geworden ist? Kennt sie seinen Brief an den Hamburger Oberbaudirektor, in dem zu lesen ist: „Wie viele Jahre werden mir denn wohl noch gegeben sein? Na, sagen wir – alles in allem – höchstens acht." [30]

Barlach wird recht behalten. Es bleiben ihm nur diese wenigen Jahre mit Marga. Sie sorgt dafür, daß er sich in den Schneesturmtagen „trotzdem hold und lieblich in der Hut des Heidberges" fühlt. Im April 1929 genießen die beiden gierig die ersten wärmenden Sonnenstrahlen im Gartenhäuschen. „... wobei allerdings Frau Böhmer aufopfernd fror und sich einen rheumatischen Anfall zuzog" [31], schreibt Barlach an seinen Bruder Hans. Marga und Ernst haben in diesem „gänzlich verschnupften Frühling" Himbeersträucher verpflanzt. Sie warten auf den Sommer.

Das neue Atelierhaus am Heidberg

III.

Das kleine und das große Haus

Alles ist vorbereitet. Neben dem Böhmerhaus am Heidberg soll ein Atelier- und Wohnhaus für Barlach entstehen.

In einem Brief von der Kur in Bad Kissingen schreibt er an Marga am 21. August 1930: „Als ich gestern nachmittag durch die Schweriner Straße kam, stieß ich auf Kegebein, …, er sagte, wenn ich wiederkomme, soll schon etwas zu sehen sein, auch will er den ersten Spatenstich photographieren lassen." [32]

Kegebein ist der Architekt des Atelierhauses. Seine Tochter ist noch ein Kind, als er sie damals mit in den Heidberg nimmt. Aber sie erinnert sich noch genau, wie Marga Böhmer sich freute, wenn sie zu ihr kam. Es gab von ihr immer etwas zum Naschen. Auch die Kinder von Havemanns werden von ihr verwöhnt. Hedwig Havemann ist die Frau von Barlachs Rechtsanwalt. Im Laufe der Jahre wird sie für Marga zu einer engen Vertrauten. Die Briefe der beiden Frauen verraten viel über das Leben am Heidberg.

Im Februar 1931 ist das Atelierhaus bezugsfertig. Marga führt sechs Wochen lang in ihrem Waldhäuschen den Haushalt für Barlach, seinen Sohn, Böhmer und Barlachs Haushälterin. Fräulein Döge ist im großen Atelierhaus völlig kopflos geworden und muß sich dort erst einmal finden.

„Was das für mich bedeutete, aber auch für die andern, die nichts Rechtes in den Magen bekamen, können sie sich viell. nach meinen früheren Kochkunstschilderungen etw. vorstellen. Hatte Tag und Nacht keine Ruhe vor Aufregung" [33], stöhnt Marga. Dann endlich muß sie sich nur noch um Barlach kümmern. Jeden Morgen und jeden Abend ißt er bei ihr, und das paßt Barlachs Sohn Klaus überhaupt nicht. Was rennt der Vater dauernd zu Frau Böhmer, wo er doch jetzt das neue große Haus hat? Was sucht er da? Diese Frau ist nicht seine Mutter, und sie soll ihm gefälligst nicht den Vater wegnehmen. Er braucht ihn sehr.

Brief Ernst Barlachs an Marga Böhmer
aus Sassnitz vom 18. November 1926

Fünf Jahre ist es nun her, daß Klaus mit dem Vater in Stralsund war. Sie haben Wein getrunken im „Goldenen Löwen". Klaus hat ihn mit Zucker versüßt. Es ist ¾ 9 Uhr abends, und der Vater will noch immer nicht schlafen gehen, sitzt da und grübelt und fängt einen Brief an. Unsicher fragt Klaus: „Schreibst Du an Frau Böhmer?" „Augenblicklich ja" [34], ist die Antwort. Ein paar Tage später sind sie in Saßnitz im Hafen-Hotel und Barlach schreibt schon wieder an sie, und sie hat ihm auch geschrieben. Es ist der 18. November 1926, und der Vater redet von warm-wohligen, ganz linden Mondabenden und Frühlingstagen. Mittags geht er sogar ohne Mantel spazieren. Stundenlang ist er unterwegs, und kommt er zurück, ist er mit seinen Gedanken immer noch woanders. Das alles spürt der zwanzigjährige Klaus. „Vater, willst Du nicht endlich schlafen?" Barlach hört nichts. Er schreibt an Marga: „… lieber Ferner und so! herbeigesehnter Jeter. Du dürftest nur hier sein und Alles wär schon gut …" [35]

1931, nach dem Umzug in das Atelierhaus, hofft der 25jährige Klaus, daß der Vater nun endlich bei Frau Böhmer auszieht. Der junge Mann meidet Margas Haus und schließt sich in der alten Wohnung in der Schweriner Straße ein. Dort, wo er einmal mit dem Vater und der Großmutter ganz allein lebte. Er öffnet auch seinem Vater nicht. Er wird ihn schon zwingen, bei ihm zu bleiben. „In jedem Haus liegt ein Gerippe versteckt" [36], knurrt Barlach und denkt nicht daran, bei Marga auszuziehen, obwohl sie um des lieben Friedens willen bereit ist zu verzichten. *„Und so blieb die Gewitterstim(m)ung weiter bestehen unter der jeder einstweilen auszuhalten verurteilt war …"* [37], schreibt Marga an Frau Havemann. Traurig stellt sie fest, daß sie die drei Männer, von denen jeder ein Individualist ist, nicht zu einem Ganzen vereinen kann. Mit der Stille und Abgeschlossenheit am Heidberg ist es vorbei. *„Welch ein Wunder"*, schreibt Marga, *„dass das Hambg. Ehrenmal bei all dem Klüngel hier, … noch so geworden! Werden* *nicht die Formen im(m)er klarer und ruhiger, der Ausdruck im(m)er stärker und die Phantasie im(m)er noch reicher?"* [38] Alles ist so unerfreulich anders geworden. Marga sorgt sich sehr, denn Barlach ist mitten in der großen Arbeit für Hamburg, *„die doch zu einem bestimmten Termin fertig sein mußte".* [39] Und um Böhmer sorgt sie sich auch, denn er fühlt sich im Atelierhaus wie ausgestoßen und verfällt wie Klaus in Lethargie.

Erst als Margas ältere Schwester Lilli, die unverheiratete Krankenschwester, erscheint, schlägt die Stimmung um. *„Das fatale Umeinanderschleichen hörte bald auf, da jeder endlich innerlich Herr der Verhältnisse geworden, von denen er sich so törichterweise hatte beeinflussen lassen."* [40] Aber Margas Fragen zu Barlachs Sohn kann auch die Schwester nicht beantworten. Wie genau sie ihn analysiert, um an die Ursachen der Probleme heranzukommen, soll hier nicht festgehalten werden. Sie leidet unter der Ziellosigkeit des großen Jungen ebenso wie Barlach. *„Gerade i. der heutigen Zeit"*, schreibt Marga, *„kann er doch nicht problemlos wie ein Tier u. sorglos i. d. Tag leben, ziellos u. herausgelöst aus den lebendigen Verbundenheiten des übrigen Daseins! Man darf ja nicht vergessen, dass der Junge 25 Jahre jetzt geworden!! Manche Nacht liegt der Vater um den Jungen wach u. sorgt sich ..."* [41]

Schon in Barlachs ersten Briefen an Marga geht es auch immer wieder um den Sohn. „Klaus ist schon gut bei sich zu haben, aber Klaus ist jung und ist wirklich jung, wie kann ich ihn an meine wohl wirklich langsamer werdenden Schritte

Ernst Barlach mit seinem Sohn Nikolaus (Klaus)

bannen …" [42], schreibt er 1926 an Marga. Sie soll alles erfahren, was ihn bewegt, und von allem wissen, was er mit dem
Sohn auf Reisen erlebt, jede Kleinigkeit teilt Barlach ihr mit.
„Klaus … geht ins Bad, pfeift dabei wie der Torero aus Car-
men." [43] Und auch wenn der Sohn wieder einmal bockig die
Tür zuschlägt und sich abriegelt, soll Marga es wissen. Die
Sorgen um Barlachs Sohn werden die beiden noch lange quälen. Wenn Barlach nachts voller Unruhe durch sein Zimmer
wandert, kann auch Marga keine Ruhe finden.

Im Sommer 1993 besuche ich Nikolaus Barlach in Ratzeburg, kurz vor seinem 87. Geburtstag. Zu dieser Zeit weiß ich noch nicht, daß sein Vater einmal an Marga schrieb: „Wie schön für Klaus, daß er bei Dir nächtigen kann – ob ihm das nicht einmal ein seltsames Erinnern schaffen wird?!" [44] Für Barlach ist Erinnern wie ein guter Wein. Erst die Zeit gibt ihm die edle Reife.

Barlachs Sohn sagt mir nur kurz und knapp, daß er und Frau Böhmer sich nicht mochten. Kein weiteres Wort für eine Erklärung. Aber er will noch einmal darüber nachdenken, ob auf dem Friedhof nicht doch eine Tafel für Marga Böhmer angebracht werden sollte. Namenlos liegt sie dort schon so viele Jahre an der Seite von Barlach begraben.

Auch mit Barlachs Enkeln, Hans und Ernst, möchte ich über Frau Böhmer sprechen. Sie freute sich immer sehr, wenn die Kinder sie in Güstrow besuchten. Diese Begegnungen können doch nicht vergessen sein. Hans Barlach antwortet auf meine Briefe nie, aber zu Ernst Barlach darf ich kommen.

Im Sommer 1995 bin ich in Ratzeburg und verfahre mich wieder einmal. Ich frage in der kleinen Stadt nach dem Haus von Ernst Barlach, dem Enkel des Künstlers Ernst Barlach. „Wir wohnen schon immer hier, aber von Barlach haben wir noch nie etwas gehört", sagt man mir. Ähnliche Antworten kenne ich aus Güstrow.

Barlachs Enkel Ernst sagt mir, daß er nichts davon hält, daß ich über Marga Böhmer schreiben will. Sie führte seinem

Großvater nur kurze Zeit den Haushalt, was gibt es da schon zu berichten? Viel lieber wäre ihm, wenn er mehr über seine Großmutter erfahren könnte, von der die Familie nur die Lebensdaten und ein einziges und dazu noch unscharfes Foto besitzt.

Er spricht von Rosa Limona Schwab. Sie ist die Mutter von Barlachs Sohn. Eine ärmliche Schneiderin, die ab und zu Modell sitzt. Während Barlach auf seiner Rußlandreise ist, wird sie ein Kind von ihm bekommen. Kurz danach wird der Kampf um den Jungen entfachen. Barlach will, daß sein Sohn in ordentlichen Verhältnissen aufwächst. Er ist sogar bereit, ihn der Mutter zu rauben, denn er fühlt sich von dieser Frau betrogen und erpreßt. Das Gericht entscheidet zu seinen Gunsten. 1909 gehört der dreijährige Klaus ihm. Der Prozeß verschlingt seine Ersparnisse. „Mama holen", ist ein Satz, den Barlach oft von seinem Kind hört. Der Junge wird nicht aufhören, nach ihr zu suchen. Er wird Marga die Schuld geben, daß es ihm nicht rechtzeitig gelang, seine Mutter zu finden.

„Frau Böhmer hat die Briefe vernichtet, die Rosa Limona Schwab an Klaus geschrieben hat", erklärt mir Barlachs Enkel und erzählt weiter, daß sein Vater seine Mutter immer gesucht hat, aber sie erst 1936, vier Wochen nach ihrem Tod, fand. Verwandte haben ihm dann erzählt, daß seine Mutter ihm geschrieben habe, aber er hätte sich ja nie gemeldet. Ich möchte bitteschön verstehen, daß das Verhältnis von Klaus Barlach und Marga Böhmer nicht das Beste war." Und ich frage mich, war es nicht Barlach, der jeglichen Kontakt zwischen seinem Sohn und deren Mutter unterbunden hat, und könnte es nicht sein, daß Rosa Limona Schwab viele Jahre bevor Marga Barlach kannte, Briefe an ihren Jungen geschickt hat.

In den Briefen, die ich kenne, finde ich Marga nur in mütterlicher Sorge um Barlachs Sohn. Im Sommer 1932 berichtet sie voller Freude an Hedwig Havemann, daß der Junge für zwei Tage gekommen ist. Er erscheint ihr frischer und auch aufgeschlossener. Klaus ißt sogar bei ihnen und streikt nicht wie sonst.

Ein Jahr später wird Marga sich noch um ein weiteres Kind sorgen. Es ist das Kind von Bernhard und Hella Böhmer. Margas erster Mann hat wieder geheiratet und enttäuscht damit so viele Güstrowerinnen. „Nein so etwas! Der Böhmer, der noch schöner als Hans Albers ist, hätte doch eine viel attraktivere Frau haben können."

Marga bittet ihre Schwester Phia, daß sie zu Böhmers Hochzeit ein Telegramm schicken möchte. „... gewiß freut er sich da sehr. Möchten sich weitere glückliche Perspektiven für ihn dadurch eröffnen." [45] Böhmer hat nun eine der reichsten Frauen aus Güstrow und fährt den größten Wagen in der Stadt. Man tuschelt über ihn, daß er Selbstmord begehen wird, wenn er das Auto nicht mehr halten kann. Die Wohnung über dem Atelier, die Barlach viel zu protzig ist, wird das neue Zuhause für die Verheirateten und ihr Kind.

„In unserm Häuschen halten wir auf Stille", schreibt Barlach Weihnachten 1933, „aber drüben, wo jetzt Böhmer wohnt, steht alles in Flor und Herrlichkeit ... Das Geld rumort und praßt, und wenn es heißt: non olet, so sage ich: Es stinkt doch! Ich wenigstens rieche es, und möge es sich noch so penetrant parfümieren, es schlägt durch die Wände und verdirbt Nord-, West-, Süd- und Ostwind". [46] Gewöhnlich schluckt Barlach seinen Zorn wie eine bittere Pille hinunter, denn Böhmer ist nicht nur sein böser, sondern auch sein guter Geist. Neugierig wird er nach seinen Geschäftsreisen im kleinen Böhmerhaus erwartet. So geschickt verhandeln könnte und wollte Barlach nie. Wenn sie, was selten vorkommt, zu dritt unterwegs sind, wird stets Böhmer zuerst und mit Hochachtung begrüßt. Die Damen schauen dem großen stattlichen Mann in die Augen und hauchen: „Welch eine Freude, Herr Barlach, daß sie uns beehren."

Böhmer ist gern unterwegs, nicht nur für Barlach, sondern auch mit seiner neuen Frau. Das Kind lassen sie zu Hause, und Marga beobachtet voller Sorge, was im großen Böhmerhaus geschieht.

„Unser Bübchen von nebenan sitzt mal wieder schon einige Wochen alleine. Die von der Heidbergkolonie 14 sind zum Wintersport gefahren nach Partenkirchen, und denken Sie nur, die lebensfrohe Kinderschwester benutzt die Gelegenheit und nimmt 3 x die Woche an einem Reitkursus teil ..." Marga registriert, daß der Junge in den letzten acht Tagen nur ein-

mal an der Luft gewesen ist. „*Da ich die Schwester nicht bei Böhmers anmeiern mag, das Bübchen andererseits aber auch nicht dadurch zu kurz kom(m)en soll, ziehe ich nun mit ihm in den Wald u. versuche mich mal als Kinderschwester.*" [(47)]

Der kleine Peter streckt beide Arme aus, wenn Marga ihn holen kommt. Sie trägt den Jungen auf ihrem Arm und singt ihm Lieder vor. „Die Blümelein, sie schlafen ... Weißt du wieviel Sternlein stehen ...", alle Lieder aus den Kindheitstagen kehren wieder, wenn man selbst ein Kind an der Hand hat. Wie gut ist die Luft im Wald. Ein Küßchen auf die leuchtend roten Kinderwangen. Marga nimmt die kleine Hand und zeigt dem Jungen, wie schön es ist, wenn man einen andern Menschen streichelt. Ei und nochmal ei und Peters Augen leuchten. Er nennt Marga Tutta, so unterschreibt sie auch die Briefe an ihre Schwester Phia.

Tante will sie von Peter nicht genannt werden. Eine Mutter ist Marga nie gewesen. Freundinnen erzählen mir 1992, daß sie 1929 ein Kind von Barlach unter ihrem Herzen trug. Immer wieder und auch 1996 noch höre ich von dieser Schwangerschaft. Warum dieses Kind nicht zur Welt kam, wird mit unterschiedlichen Vermutungen erklärt. Marga wollte Klaus nicht belasten, sagen die einen. Andere sprechen von einer Fehlgeburt. Warum das Leben dieses Kindes nicht möglich war, wird wohl ohne die Antwort von Marga ein Rätsel bleiben.

Festgehalten ist von ihr das Gesicht eines fremden Kindes. Verewigt hat sie das Bübchen, den Sohn ihres geschie-

Zwei Kinderköpfe, Stukko-Relief von Marga Böhmer

denen Mannes, in einem Holzrelief. Und es gibt noch
ein Stukko-Relief, auf dem Peter und ein fast gleichaltriges
Kind zu sehen sind. Eine Güstrowerin zeigt mir dieses
Relief in ihrem Wohnzimmer und erzählt, daß das die Jungs
von Barlach und Böhmer sind. Aber Barlachs Sohn ist
25 Jahre älter als Peter. Klaus ist 1935 Bübchens Weihnachtsmann.

Erst viele Jahre später wird Peter erfahren, daß Marga die
erste Frau seines Vaters war. Bei meinem Besuch 1995 zeigt

mir Peter Böhmer ein Foto, auf dem er als kleiner pausbäckiger Junge auf dem Schoß von Marga sitzt. Er konnte immer zu ihr, wann immer er es wollte. Das kleine und das große Böhmerhaus trennte damals kein Zaun.

Doch im kleinen Haus werden die Sorgen immer größer. Das große Haus ist für Barlach eine Last geworden. Die finanziellen Probleme sind erdrückend. Doch mit Bernhard Böhmer besprechen er und Marga längst nicht mehr alles. In einem Brief teilt Barlach Marga mit, daß sie das Geld, das sie ihm schicken wollte, behalten soll. Und wenn Böhmer nachfragt, soll sie einfach sagen, daß es angekommen ist.

Und wissen soll Marga auch, daß Barlach Post von dem Bildhauer Hengstenberg erhielt. Er „nagt wieder am Hungertuch, bietet sich an für mich zu arbeiten. Sieh Jeter, der ist ein alter Freund von mir und hat's bitter nötig und Böhmer flaniert elegant herum, kann man mir verdenken, daß ich eine Art Wut bekomme auf derlei Leute? Sobald es mal drängt, werde ich Hengstenberg rufen, ich bin ja noch nicht entmündigt". [48] Seine Briefe versieht Barlach nun immer öfter mit Klebestreifen, „damit der Spion nicht wieder reinrieche." [49]

Was mag Marga Barlach geantwortet haben? Sprach sie mit Bernhard Böhmer über das, was auch sie an ihm störte? Hätte er ihr zugehört? Hörte er überhaupt auf andere? Es ist nicht einfach, über die Gedanken dieses Mannes etwas zu erfahren. Sein Äußeres wird mir von vielen beschrieben. In Wohnungen zeigt man mir Ölbilder von ihm. Die Güstrower erzählen, daß er im Lederanzug und mit weißen Stiefeln vor dem Hotel

Ernst Barlach vor der Gertrudenkapelle
in Güstrow

Bernhard Böhmer

„Erbgroßherzog" saß. Und wenn Barlach seinem Vetter Karl mitteilt: „Übrigens besitzt Goebbbels zwei Arbeiten von mir, Bronze und Porzellan", [50] ist zu vermuten, daß Böhmer dabei seine Hand im Spiel hatte. Viele lauschten in Güstrow seinen Berichten aus der Reichshauptstadt. Er fuhr nach Paris und Brüssel. Sein großer Wagen war für die Neider und Bewunderer in der Kleinstadt immer ein Gesprächsthema.

Margas Erbe schickt mir etwas, was es gar nicht geben soll – ein Foto von Böhmer. Der Kragen vom eleganten Mantel ist hoch geschlagen. Er hält eine Zigarette in der Hand. Ein Bild wie von einem Schauspieler, der nur Heldenrollen spielt.

Barlachs Verleger Piper versucht diesen Mann, der sowohl für die Nazis als auch für Barlach als Kunsthändler tätig war, zu erklären:

„Er war – ein im Dritten Reich nicht seltenes Phänomen – ein Mensch zwischen den Fronten. Einerseits wirkte er maßgeblich an den offiziellen Aktionen gegen die ‚entartete Kunst' mit, andererseits suchte er das Barlachsche Werk so weit wie möglich zu schützen, ja meinte möglicherweise, das eine tun zu müssen, um das andere zu können." [51]

Mehr dazu erfahre ich durch die Veröffentlichungen zur Ausstellung „Entartete Kunst – Das Schicksal der Avantgarde im Nazi-Deutschland", die Anfang der 90er Jahre in Los Angeles, Chicago, Washington und in Berlin gezeigt wird.

Berichtet wird dort von vier Kunsthändlern, die sehr bemüht waren, die von den Nazis beschlagnahmten Kunstwerke zu verkaufen. Einer von ihnen ist Bernhard Böhmer.

Verkäufe durften damals nur gegen Devisen ins Ausland erfolgen. Ein Verkauf an inländische Interessenten war ausdrücklich untersagt. Bernhard Böhmer und die drei anderen Kunsthändler halten sich nicht immer daran. Heimlich verhandeln sie mit deutschen Sammlern und Privatgalerien. Durch Scheinverkäufe ins Ausland kommen sie trotzdem zu ihrer Provision. Nach dem Beginn des Krieges, werden den Nazis Devisen immer wichtiger. Aber die Verkaufsaktion zeigt nicht die gewünschten Erfolge. Die Kunsthändler überzeugen das Propagandaministerium, daß Tauschgeschäfte besser verlaufen könnten. Bekannt ist bisher, daß es vom November 1939 bis zum März 1941 sechzehn solcher Verträge gab. Der extremste Vertrag wurde am 16. Juli 1940 von Bernhard Böhmer abgeschlossen. Er tauschte ein relativ unbedeutendes Gemälde gegen 48 zum Teil bedeutende Kunstwerke, darunter 10 Plastiken von Barlach. Böhmer war besonders eifrig beim Verkauf der beschlagnahmten Kunstwerke. Was trieb ihn? Vielleicht auch, daß er wußte, was den nicht verkauften Bildern drohte. Im März 1939 waren bereits über Tausende auf der Berliner Hauptfeuerwache verbrannt worden. Daß es nicht noch mehr waren, ist auch Bernhard Böhmer zu verdanken, denn kurz zuvor hatte er Bilder von Wilhelm Morgner, Otto Dix und Franz Marc als Kommissionsware übernommen. Es existieren Fotos, die Teile dieses Kommisionsbestandes in Güstrow zeigen. Über alles, was die Nazis in der Aktion entartete Kunst planten und durchführten, war Böhmer stets gut informiert. Rolf Hetsch, ein Freund von ihm, war für die Inventarisierung der beschlagnahmten Werke zuständig und kein unbedeutender Referent im Propagandaministerium. Übrigens auch ein Kenner und früherer Verehrer der modernen Kunst. Einige Jahre zuvor hatte er ein Buch über Paula Modersohn-Becker herausgegeben und eine Veröffentlichung über Barlach geplant, als dessen neues Atelier am Heidberg gerade fertig war.

Zu dieser Zeit wollen wir noch einmal zurückkehren und von Bernhard Böhmer hören, wie es zum Bau dieses großen Hauses kam. 1934 berichtet er darüber folgendes in einem Brief:

„Ernst Barlach hatte, seinem Einsamkeitsbedürfnis und seiner persönlichen Anspruchslosigkeit folgend, lange Jahre hindurch hier in Güstrow Atelier- und Wohnräume primitivster Art inne, die auf die Dauer nicht zu halten waren. Auf der Suche nach helleren, gesünderen Räumen begegnete ihm 1930 das Angebot der Tilla Durieux, für deren Musikzimmer einen Fries großer Figuren herzustellen, als Gegenwert sollte Herr Barlach die Baukosten für ein Atelier- und Wohngebäude in gesundester Waldlage bei Güstrow erhalten." [52]

Ja, das überzeugte selbst den so vorsichtigen Barlach, zumal es für die Fertigstellung der Figuren keinen Termindruck gab. Wie Marga sich bei dieser Entscheidungsfindung verhielt, ist mir nicht bekannt.

Alles hätte gut gehen können, aber dann kommen die Schauspielerin Tilla Durieux und ihr Mann durch den Juden-

Familienfoto in dem neuen Atelierhaus

boykott in wirtschaftliche Nöte. 1933 müssen sie emigrieren.
Böhmer spricht vom Zusammenbruch der beiden und notiert,
daß Barlach von den 60 000 Mark nur 14 000 erhielt, und
erklärt, vor welchen finanziellen Problemen Barlach nun
steht. Ein Jahr vor diesem Brief hat Barlach bereits seinem
Vetter Ernst von seinen Sorgen geschrieben. „Ich schlucke,
um nachts schlafen zu können, so viel Schlafmittel, daß es auf
die Dauer nicht gut gehen kann … Die Bürgen für die kurz-
fristige Hypothek können nicht zahlen; in etwa 1–1½ Jahren

muß die Schuld getilgt sein, während ich, wenn von ‚Verdienst' die Rede ist, grade das Leben habe, wenigstens bisher von Monat zu Monat. Diese Kleinigkeiten an täglichen Sorgen überfallen mich morgens – abends schließe ich mit dem Ganzen ab und laß fahren dahin!" [53]

Es wird noch schlimmer kommen. Sein „großer Arbeitstag" geht für ihn vorbei. Statt dessen gibt es „Krise, Hetze, Boykott, Judengeschrei, Verleumdungen, Nachrede". [54]

Verzweifelt schreibt Marga an Hedwig Havemann: „... *es gab Tage, wo er ganze Nachmittage oben i. Stuhl so dahindäm(m)erte, Schlafmittel auch am Tage brauchte. Es schienen auch plötzl. alle Wege verbaut und wer kann wissen, wo der Unverstand u. die Verblendung ihre Grenzen haben!*" [55] Wie froh ist Marga, als sich Barlach wieder bösartig erregt. Das ist bei ihm stets ein gutes Zeichen. Er rafft sich noch einmal auf und empfängt sogar Besucher. Seine Augen sehen frischer aus, stellt Marga fest, und weiter heißt es in dem Brief an Hedwig Havemann: „*Das Überlebensgroße ist nun auch fertig, habe mich noch tüchtig mit der Form herumgeschlagen! Aber man ist ja nie zufrieden, versucht im(m)er wieder neu.*" [56]

Noch einmal ein Hoffnungsschimmer. Bei Piper sollen endlich die Barlach-Zeichnungen herauskommen, teilt Marga 1935 mit.

„*Leider nahm der von den 80 Blättern die er erst eingefordert, nur 56 – der Esel!! Das wird er noch einmal bereuen, denn Barl. rückt nun keine Zeichnungen mehr heraus.*" [57]

Ernst Barlach
in seiner Werkstatt

Marga Böhmer
bei bildhauerischen Arbeiten
im Atelier

Und noch eine gute Nachricht von Marga an Frau Havemann. Der Fries der Lauschenden ist fertig. „Wir haben mit dem Beizen Wochen hindurch Versuche gemacht, bis wir zufrieden waren, und wissen nun genau, wie bei den weiteren Figuren zu verfahren ist" [58], schreibt Barlach 1935 an Hermann Reemtsma.

Der Hamburger Kaufmann und Kunstsammler hat sich mit großem Gefolge angekündigt, um die Skulpturengruppe zu holen. Marga hat jetzt schon Mitleid mit Barlach. Er ist durch die viele Arbeit nicht nur abgespannt, sondern auch besuchsmüde geworden. Doch vielleicht kauft Reemtsma auch noch die Gruppe Mutter mit Kind. Aufträge hat Barlach kaum noch, und Marga fühlt wie der Künstler, daß es so bleiben wird. Ein kleiner Trost ist für Marga, *„dass Barl. das nicht alles so hört was an Hetze gegen ihn i. Gange ist! Eigentl. müsste man das alles – aus Gründen – aufschreiben. Zum Teil geschieht das auch schon"*. [59]

Wer mag damit gemeint sein?

In diesen Jahren nach 1930 schreibt Marga auch oft an ihre Schwestern Phia und Lilli. Sie berichtet von Sorgen und Nöten und von Alltäglichkeiten. Viele dieser Karten gestaltet sie selbst mit Motiven von Barlachs Werken. So manche Karte ist mit einem kurzen Gruß von Ernst Barlach versehen.

Noch ist die schwierigste Zeit für Marga und Barlach nicht gekommen.

Doch schon 1936 notiert Marga bitter, *„Die Engelfrage ist*

*Vorder- und Rückseiten von Karten
Marga Böhmers an ihre Schwester Phia
(ebenda S. 66)*

65

Karte Marga Böhmers an ihre
Schwester Phia Muggly
mit einem Gruß von Ernst Barlach

67

auch wieder akut, geradezu gehässige Artikel stehen hier i. den
Zeitungen ... " (60)

Ein Jahr später ihr verzweifelter Aufschrei: „*Im Güstrower*
Dom ist man dabei den Engel runterzuholen – wir hören förm-
lich die Ham(m)erschläge u. möchte ich am liebsten die
Trauerglocken läuten, ganz Güstrow zum Protest aufrufen.
Wahrlich ein markanter Tag, der 24. 8. für diese brave Stadt.
Seit Monaten fragen wir uns: und was kommt nun?" (61)

Marga beschreibt ausführlich, daß eine kleine Ausstellung in Berlin auf Anordnung der Reichskammer der bildenden Künste geschlossen wurde. Barlachs Werke sind beschlagnahmt und Verkaufsverhandlungen mit Ausländern ver-
boten. Ladenbesitzern wird mit Schließung gedroht, falls
sie sich weiter für Barlach einsetzen. Benachrichtigt wird
Barlach von allem nicht. Böhmers Eingabe an den Staats-
sekretär Funk blieb ohne Erfolg. Das drohende Berufsver-
bot nennt Marga ein Todesurteil für den 67jährigen Künstler.
Die Zeitungen berichten von der Ausstellung „Entartete
Kunst". Auch Barlachs „Wiedersehen" wurde in die
„Schreckenskammer" nach München gebracht. Marga führt
alle Werke auf, die magaziniert sind. Außerdem wurde Barlach aus der Akademie der bildenden Künste „rausgetreten".
Was sich sonst noch an Aufregungen tat, will Marga mündlich berichten.

Die Verwundungen ihres Mannes schmerzen auch sie. Die
Sorge um ihn ist groß. Barlach rafft sich immer wieder zur
Arbeit auf. Bis zur Erschöpfung arbeitete er oft bis 9.00 Uhr

abends im Atelier. Er gönnt sich keinen Spaziergang mehr. Sein Rücken und die Hüfte schmerzen. Barlach hatte mehrere Herzanfälle. Marga versucht fernzuhalten, was ihn noch mehr belasten könnte. Es gelingt ihr nicht immer.

Während Barlach schläft, wimmelt Marga die Polizisten ab, die gekommen sind, um die wirtschaftlichen Verhältnisse des Künstlers zu überprüfen. Und Klaus ist auch gekommen. Kurz vor dem Examen flüchtet er wieder einmal in eine Krankheit. Der Direktor vom Technikum hat für Herrn Barlach einen Brief mitgegeben, in dem er sich über die Faulheit des jungen Mannes beklagt. *„Zu all den Aufregungen nun auch noch dies"* [62], schreibt Marga an Hedwig Havemann.

Noch einmal meldet sich die Polizei. Marga ist froh, daß sie ans Telefon gegangen ist und nicht Barlach. Das war kein Gespräch, was man mit ihr führte, das war ein Verhör. Barlach rafft sich zu einem Beschwerdebrief an den Landesleiter in Schwerin auf. *„Schliesslich kann man sich doch nicht alles gefallen lassen"* [63], meint Marga, aber sie fühlt, daß man Barlach noch lange nicht in Ruhe lassen wird.

Am liebsten möchte sie für immer von hier fort. Barlach und Marga fliehen für ein paar Tage aus Güstrow. Böhmer fährt sie in seinem großen Wagen. Ihre Reise geht im November 1937 nach Schnega zum Ehepaar Körtzinger. Der Mann ist Bildhauer und Kunstberater von Reemtsma. Barlach will mit dieser Fahrt auch prüfen, ob seine Kräfte für die geplante große Reise reichen.

Am 14. November 1937 bedankt sich Marga bei der Gastgeberin und Barlach beim Gastgeber mit einem langen Brief für die unvergeßlichen schönen Stunden im Landhaus. *„Welche Fülle von herrlichen Erlebnissen … Das phantastische Atelier, das Vespern unter Orgelklängen …"* [64], schwärmt Marga. Sie wollte schon viel eher schreiben, aber allerlei häuslicher Kram und erneute Reisevorbereitungen hielten sie davon ab.

Im Dezember ist es dann soweit. Ihre letzte gemeinsame große Reise beginnt. Marga und Ernst fahren in den Harz.

Die Weihnachtstage 1937 verbringen sie in einem nicht gut geheizten Hotel in Quedlinburg. Silvester sind sie in Wernigerode. Marga atmet auf. *„Die Luft ist herrlich u. bekom(m)t Herrn B. so gut. Auch ni(m)mt der Appetit zu worüber ich mich so freue! Viel Lauferei hält er zwar noch nicht aus u. Steigen schon gar nicht, da streikt das Herz natürlich gleich. Aber wir ko(m)men dennoch auf unsere Kosten."* [65]

Es wird das letzte Neujahrsfest sein, das sie gemeinsam erleben. Ende Januar kommen sie bereits reisemüde in Bad Harzburg an. Hier erfahren sie, daß das Hamburger Ehrenmal entfernt werden soll. Marga wird in einer Gaststätte von einem Hamburger Kellner gefragt, ob sie vielleicht Modell für dieses Denkmal gestanden hätte. Wie sie auf diese Frage reagierte, weiß ich nicht.

Barlach wird krank während der Harzreise. Er ist stark erkältet. Sie gehen kaum noch aus dem Hotelzimmer. Das Reisen ist zur Strapaze geworden und bringt weder Auftrieb noch Erholung. „*Güstrow winkt*", schreibt Marga, und Barlach bezweifelt, daß sie sich dort jemals wieder daheim fühlen werden. Der Entschluß, das Atelierhaus zu verkaufen, beginnt zu reifen.

Im Februar 1938 holt Böhmer sie ab. Bevor es nach Hause geht, wollen sie sich noch einmal Goslar ansehen. Falls sie Güstrow wirklich für immer verlassen, könnte diese Stadt im Harz ihr neuer Wohnort werden.

Ich sitze im Sommer 1995 auf dem Marktplatz von Goslar. Diese Stadt hat etwas Anziehendes. Sie ist gemütlich und doch nicht langweilig. Jedes Haus ist ein Kunstwerk, und überall einladende Gasthäuser. War damals auch schon so ein Leben in der Stadt? Bei über 30 Grad Sommerhitze fällt es schwer, sich Margas und Barlachs winterliche Reise in den Harz vorzustellen. Aber ich bin mir sicher, daß sie mit den gleichen Zukunftsängsten nach Hause kommen, mit denen sie Wochen zuvor abfuhren.

In Güstrow angekommen, haben sich beide entschieden, daß sie in dieser Stadt nicht mehr leben wollen. Seinen Verleger Piper läßt Barlach am 16. August 1938 wissen: „Frau Böhmer geht diesen Weg ins Ungewisse mit mir." [66] Einen Monat später reichen seine Kräfte nicht einmal mehr, um sich mit einem Brief für ein Geschenk bei Körtzinger zu bedanken. Marga muß das übernehmen, und sie berichtet ausführlich von allen Problemen zu Hause, was Barlach sicherlich nicht recht gewesen wäre, hätte er diesen Brief gelesen. Aber

Marga ist in zu großer Sorge und muß einmal ihr Herz ausschütten.

Barlach erscheint ihr völlig verändert. Er raucht und trinkt nicht mehr. Er fühlt sich nur noch elend. Die Atemnot nimmt immer mehr zu. Marga überzeugt ihn, in die Klinik nach Rostock zu fahren. Prof. Ganther will ihn dabehalten, aber Barlach will das nicht. Er schluckt lieber zu Hause 15 Tage Digitalispräparate. Marga beobachtet ihn und ist gar nicht zufrieden. Es wird nicht besser mit Barlach. Im Gegenteil, er ist noch blasser geworden und ißt kaum noch. Unter solchen Umständen muß der Verkauf des Atelierhauses erst einmal ruhen. Sie wollen warten, bis sich Barlachs Gesundheit und Stimmung gebessert haben.

Mehrere Makler haben sich mit dem Verkauf des Atelierhauses ohne Erfolg beschäftigt. Danach verhandelt Böhmer mit Reemtsma. Doch Barlach kostet es jetzt zuviel Anstrengung, sich mit den ganzen Modalitäten der Trennung von dem großen Haus zu beschäftigen. Und Marga wird den Verdacht nicht los, daß Bernhard bei den Verhandlungen wieder einmal mehr an sich als an Barlach denkt. Vorsichtig äußert sie gegenüber Körtzinger, daß Böhmers Bestrebungen wohl dahin gehen, daß sich der Hausverkauf hinauszögert.

Marga schreibt: „*Auch spielt vielleicht die Vorstellung von der Verwirklichung einer lang gehegten Idee von einem B(arlach)museum mit hinein und ich weiß, daß B(arlach) nichts unsympathischer wäre als solch eine Planung. Nein, es*

ist ihm todernst mit seinen Verkaufsabsichten und von (So!)
einer radikalen Lösung aus Verhältnissen, von denen man gut
und gern sagen kann, daß sie nunmehr unerträglich geworden
sind." [67]

Wissen soll Herr Körtzinger auch, daß Marga ebenfalls
ihr Haus zum Verkauf angeboten hat. Zwar hatte sie es bereits Böhmer zur Verfügung gestellt, wenn bei ihrem Fort-
zug sein Bleiben *„drüben im ‚Palast' aus wirtschaftlichen*
oder auch persönlichen Gründen und Gründen allerprivate-
ster Art" nicht mehr möglich ist, denn sie verkennen die
Schwierigkeiten nicht, die sich für Böhmer auftun, wenn sie
beide fortgehn. Aber jetzt meint Marga, muß Barlach vorge-
hen.

Sie ist voller Angst um ihn und schreibt: *„... er kommt*
aus der motorischen Unruhe nicht mehr raus, läuft in seinem
Atelier auf und ab, weiß selber nicht, was er dort eigentlich
noch soll. Die großen Augen schauen so traurig drein, und er
kommt mir vor wie ein gefangenes Tier ..." [68]

Wenige Tage später müssen Böhmer, Marga und Barlach
noch einmal in die Privat-Klinik „St. Georg" von Prof.
Ganther nach Rostock fahren. Marga wird diesmal nichts sagen, wenn Böhmer wieder rast. Ihr ist nur wichtig, daß Barlach schnell Hilfe bekommt. Die Fahrt strengt ihn an. Nur
jetzt kein neuer Herzanfall. Nur das nicht. Gleich sind sie da,
gleich wird man ihm helfen?

Barlach bekommt Morphium und schläft zum erstenmal
seit langer Zeit ruhig. Zweimal am Tag sieht der Profes-

sor nach ihm. Barlach will nur Marga um sich. Seine 1925 geschaffene Holzskulptur „Träumer“ steht in seinem Krankenzimmer. Die Klinik ist überfüllt, und Marga ist dankbar, daß der Professor sie trotzdem mit aufnahm. Auch ihr geht es nicht gut. Sie leidet mit Barlach, und all das Elend, das sie in der Klinik sieht, drückt sie noch mehr nieder. Sie ist erschöpft und schwach. Die Betreuung durch die Ärzte hilft ihr und auch das sonnige Wesen der Schwestern, *„was für Kranke besonders viel wert ist“* [69], schreibt sie an Hedwig Havemann.

Am 28. September freut sich Marga, daß Barlach nicht mehr nur *„spazierenliegt“*. Zweimal am Tag schafft er es schon, eine halbe Stunde zu sitzen. Er muß nur mehr zu Kräften kommen. Sein Gewicht ging von 122 Pfund auf 113 zurück. Der Arzt hat Eierkognak als Kräftetrank verordnet, und er sagt, daß die wichtigsten Helfer gegen die Krankheit jetzt Barlachs innere Kräfte sind, die Hoffnung und die Zuversicht.

Am 9. Oktober muß Marga andere Worte vom Arzt erfahren haben, denn kurz darauf schreibt sie an Körtzinger: *„... ein großes Unglück ist seit neun Tagen über uns gekommen.“* [70]

Marga ist nun Tag und Nacht an Barlachs Krankenbett. Er schläft viel. Aber es ist nur ein Halbschlaf. In diesem Monat, in der liebsten Jahreszeit der beiden, zeichnet Marga Barlach. Sein Körper wirkt so zerbrechlich wie der eines zarten Kindes. Sein Mund so traurig. Armer, schwacher Mann. Marga

Ernst Barlach auf dem Krankenbett
Zeichnung von Marga Böhmer

legt die Decke über seine Brust, beruhigt ihn, wenn die Atemnot wieder groß ist und die Todesangst kommt. Sie kühlt ihm die Stirn. Ihre Hände berühren sich. Sie wollen sich nicht loslassen.

Am 24. Oktober 1938 hört Barlachs Herz auf zu schlagen.

IV.

Abschied

Es ist alles festgehalten in so vielen Worten, die Trauerfeier im Atelier, wer kam und wer sprach. Ich sehe Tannengrün, einen kostbaren schwarzen Teppich und weiße Atlasdecken.

Über dem Sarg die Maske des Güstrower Domengels, und wo ist Marga?

Käthe Kollwitz ist eine der ersten, die gekommen ist, um Abschied zu nehmen. Sprach sie nicht mit Barlachs Frau? Nirgendwo ist Marga zu finden. Nicht einmal in der sachlichen Todesanzeige.

„Ernst Barlach
RITTER DES ORDENS POUR LE MÉRITE

Am 24. Oktober 1938 ist der Bildhauer und Dichter in seine andere Dauer übergegangen. In seiner Werkstatt wird ihm am 27. Oktober um 15.00 Uhr eine Trauerfeier gehalten; am 28. Oktober um 15.00 Uhr bestatten wir ihn auf dem Friedhof zu Ratzeburg.

Güstrow, im Heidberg 24. Oktober 1938

Hans Barlach
Claus Barlach
und seine Freunde" [71]

„Warum wurde Marga nicht erwähnt?", frage ich 1993 Barlachs Sohn. Er schaut mich verwundert an und sagt: „Sie gehörte doch nicht zur Familie."

Nach der Trauerfeier im Atelier tragen junge Männer Barlachs Sarg in Margas Haus. Noch eine Nacht kann sie an seiner Seite sein. Einen Tag später wird er in Ratzeburg begraben. Barlachs Bruder und sein Sohn sind die ersten, die dem Holzsarg folgen. Dann kommt der Sohn von Friedrich Schult mit einem Kissen, auf dem Barlachs Orden liegt. Als der Sarg in die Grube gelassen wird, weicht der dichte Nebel. Die Sonne beginnt an diesem kalten Tag zu scheinen. Barlachs Freund, Pastor Johannes Schwartzkopff, spricht, und wo ist Marga?

Im November erscheint die Danksagung. „Im Namen des Toten und von Herzen danken wir Ihnen, daß Ihre Teilnahme dem schweren Abschied gegolten hat in dem Geiste, dem Ernst Barlach geweiht bleibt in der Bewährung des Erhebenden seines Lebens und seines Werkes!"

Es ist die gleiche Reihenfolge der Unterzeichnenden wie schon in der Todesanzeige, aber diesmal wird auch Marga Böhmer erwähnt. Sie steht unter Klaus Barlach und über den Freunden.

Vergeblich suche ich in dem schmalen Band „Freundesworte – Ernst Barlach zum Gedächtnis" nach Worten von Marga.

Diese Arbeit wird 1939 in beschränkter Auflage als Privatdruck veröffentlicht. Es sprechen hier so viele. Von Marga

Böhmer gibt es nur eine Zeichnung mit dem Titel „Sterbelager".

„Es ist nicht auszudrücken, was er mir war und was er mir
gab und was ich ihm an Dank schuldig bin", sagt Bernhard
Böhmer in diesem Band. Er verrät auch, daß Barlach in Wahrheit sein geistiger Vater war. „In den Jahren unserer gemeinsamen Tätigkeit wurde unser Verhältnis für mich von einem
starken verwandtschaftlichen Gefühl getragen, das alle Unter-
schiede persönlicher Art auf eine freie Weise überbrückte.
Immer war es die Stimme des Vaters, die zu mir sprach, immer war es ein gütiger, besorgter Hinweis, der mir aufs herz-
lichste zuteil wurde." [72]

Ohne Barlach fühlt sich Bernhard Böhmer um vieles ver-
einsamt. Und was fühlt Marga, die ihren Lebensgefährten verloren hat? Nichts ist zu lesen über die Frau, die in den guten
wie in den schlechten Zeiten mit ihm lebte und im Augenblick des Todes seine Hand hielt. Kein Wort über diese Liebe.

„... aus aller Welt stellen sich ... Liebesgrüße ein",
schreibt Hugo Körtzinger in dem Erinnerungsband „Freundesworte". Er nennt so viele. Marga fehlt in seiner Aufzäh-
lung, oder meint er sie mit dem Satz: „Frauen wollen nichts
als ein Seufzen mitteilen."? [73]

Auch Johann Schwartzkopff suchte in dem Erinnerungsband nach Marga Böhmer. Er ist der älteste Sohn des Pastors
Johannes Schwartzkopff. Eine Woche darf ich den Erinnerungsband behalten. Das Exemplar trägt die Nummer 385.
Johann Schwartzkopff bedauert, daß er mir nicht mehr schik-

ken kann, was mir bei meiner Suche nach dem Leben dieser Frau hilft. Der Sohn des in Güstrow unvergessenen Pastors nennt mir Namen anderer Zeitzeugen und ihre Adressen. Mit vielen der Genannten habe ich bereits Kontakte.

Seine Erinnerungen an Marga Böhmer sind spärlich. Er war damals noch ein Kind. Gesehen hat er sie 1930/31, als er am Heidberg auf der steilen Bahn oberhalb des Atelierhauses mit anderen Kindern rodelte und sie von zwei Damen beobachtet wurden. In einem späteren Brief korrigiert Johann Schwartzkopff die Angabe auf ein Jahr später. Die eine der beiden Frauen war für Güstrower Verhältnisse ungewöhnlich auffällig gekleidet. Sie trug einen schwarz weiß gefleckten Mantel. Das „Kalbfell", so nannten sie die Kinder, wollte unbedingt mitrodeln. Marga durfte, und Johann schmiß sich mit ihr um. Zum Glück blieb ihm verborgen, daß sein Vater mit Barlach, Margas Untermieter, befreundet war. Johann Schwartzkopff glaubt sich auch zu erinnern, daß er Marga im offenen Cadillac ihres Ex-Mannes gesehen hat. Die andere Frau vom Rodelberg, vermutet er, „war möglicherweise die neue Frau Böhmer, mit der sich Marga wohl gut verstand".

Am Tag der Trauerfeier ist Johann Schwartzkopff 20 Jahre alt und zählt mit Klaus Barlach zu den jüngsten Gästen. Dem jungen Soldaten werden viele für ihn bedeutende Künstler vorgestellt. An Marga Böhmer erinnert er sich nicht und sucht 1995 Erklärungen dafür.

„Vielleicht ist sie nach den vorangehenden aufreibenden

Wochen am Sterbebett in Rostock zusammengebrochen, oder ich habe sie unter den vielen Trauernden nicht bemerkt."

Nach dem Krieg besucht Johann Schwartzkopff Marga. Es ist seine letzte und einzige bewußte Begegnung mit ihr.

Aus Gesprächen mit dem Vater glaubt er sich zu erinnern, daß Barlach mit Marga über eine Eheschließung sprach, aber sich wegen voraussehbarer politischer Belastungen dagegen entschlossen hat. Und weiter schreibt Johann Schwartzkopff: „Als dann später Auseinandersetzungen mit den Barlach-Erben und Friedrich Schult aufkamen, bedauerte Marga dies, aber vornehmlich wegen der schwachen Position bei ihren Bemühungen, das Andenken an Barlach angemessen zu erhalten. Es handelte sich damals um die Einrichtung der Gertruden-Kapelle. Mein Vater war dabei wohl hilfreich."

Das Entsetzen bei Johann Schwartzkopff ist groß, als er 1995 erfährt, daß der Nachlaß von Marga Böhmer aus der Stadt, die für ihn immer noch Heimat ist, verschwinden soll. Er schickt mir eine Kopie seines Briefes an den Ministerpräsidenten. In dem Schreiben erinnert er auch an die Strafversetzung seines Vaters im Jahre 1934 und an sein Bemühen, gegen den Willen des bürgerlich-konservativen Kirchengemeinderates Barlachs Engel einen Platz im Dom zu schaffen.

Der lange Brief hat Johann Schwartzkopff viel Kraft gekostet. Bei unseren Telefonaten muß ich ihm immer wieder sagen, daß es bezüglich des Nachlasses noch keine gute Nachricht gibt. Ich soll nicht aufgeben, bittet er mich und verspricht, wieder anzurufen. Wir werden nicht mehr miteinander reden können. Statt eines Anrufes kommt ein schwarz umrandeter Briefumschlag aus dem Süden Deutschlands.

Professor Dr. Johann Schwartzkopff ist am 22. März 1995 gestorben. Er wird nicht mehr erfahren, was mit dem Nachlaß von Marga Böhmer geschieht.

Doch kehren wir zurück zu der Zeit, als Marga ihren Lebensgefährten verlor. Ein Testament von Barlach liegt nicht vor. Seine Vorstellungen dazu sollen sein Vetter Karl und der Jurist Friedrich Droß kennen. Die zwei bitten deshalb nach Barlachs Tod einen Freundeskreis zusammen, „der unter dem Vorsitze von Karl Barlach und in Vollmacht des Sohnes Nikolaus als des einzigen Erben den künstlerischen Nachlaß verwaltete". [74] Zu diesem Freundeskreis, der sich das Gremium nennt, gehören 14 Männer. Darunter Barlachs Bruder, sein Vetter, die letzten Freunde. Marga ist nicht dabei.

Nach einer langen Pause beginnt sie wieder als Bildhauerin Eigenes zu schaffen. Margas Arbeitsthema ist Ernst Barlach.

In ihren Arbeiten von ihm verrät sie mir, wie nah sie ihm auch als Künstlerin war. Mehrere Porträtbüsten entstehen, viele Barlach-Masken in verschiedenen Tönungen und Größen, Kohle- und Kreidezeichnungen vom kranken Barlach und von Barlach auf dem Totenbett. Immer wieder der Titel „Ecce Homo" – Erinnerungsbilder an den geliebten Mann. Eine Maske von ihm mit geöffneten Augen.

Selbstbildnis Marga Böhmers, 1939

Kleine Barlach-Maske, Gipsrelief
von Marga Böhmer

Margas Augen sind in ihrem Selbstbildnis geschlossen.

Welch ein weiches Gesicht. Es ist voller Güte und der Gewißheit, daß die Liebe für immer bleiben wird, aber der Schmerz der Trennung ist groß. Dieses Gesicht gebietet, Abstand zu halten. Keine Worte können trösten und keine Berührung den Schmerz lindern. Margas Augen sind geschlossen.

Tief ist der Schmerz über den verlorenen Mann. Im November 1938 schreibt Marga Böhmer an Wolfgang Theopold, bedankt sich für die „guten, teilnehmenden Worte" und schickt ihm ihre Zeichnung von Ernst Barlach auf dem Krankenbett.

Marga erinnert sich: „... *Die 6 Wochen dort waren unsagbar qualvoll u. so Sie mal wieder vor den Toren hier stehen sollten, werde ich Ihnen gerne etwas ausführlicher von seinen letzten, schweren Stunden erzählen. Ersparen Sie mir heute weiteres, denn ich finde noch gar nicht recht zu den Menschen wieder zurück, bin vollends ratlos wie's weitergehen soll, ohne den tr. Kameraden, das Passpferd, wie er zu sagen pflegte. Er guckt hier zwar aus allen Ecken, doch sehe ich nur die gr. leidvollen Augen vor mir ..."* [(75)]

Am 1. Februar 1939 schreibt sie an Annalise Wagner: „*Ich glaube kaum, daß ich weiter bildhauerisch tätig sein werde und kann. Es fehlt mir aller Auftrieb, und da ich an dem literarischen Nachlaß nun tüchtig mitwirken soll – abschreiben und dergl. mehr, damit wenigstens diese Sache in Gang kommt und gesichert wird, wird wenig Zeit für meinen Kram*

Karte Marga Böhmers an Wolfgang Theopold
vom 18. November 1938

bleiben ... Zuviel Häßliches hat sich da gegen mich auf-
gemacht, von einer Seite, von der leicht noch mehr dergleichen
zu erwarten ist. Gegen diesen Berg von Intrigen und Gemein-
heiten, Vorwürfen usw., kann ich mit den paar Kräften, die ich
noch habe, nicht an. Es gibt Leute, die geben nicht eher Ruhe,
bis man im Grab verschwunden und dann wird oft darüber
hinaus noch weiter gewütet." [(76)]

Kleine Katze, Stukkoplastik
von Marga Böhmer, 1941

Nur noch wenige eigene Arbeiten entstehen nach diesem
Brief. Tierplastiken, Kohlezeichnungen, eine Frauenbüste
und Kinderbildnisse vom kleinen Peter.

Marga Böhmer im Atelier, nach 1939

Marga hat in diesem Gesicht festgehalten, was eine Mutter an Gutem fühlt, wenn sie ihr Kind ansieht. Es ist alles zu erkennen, die Aufrichtigkeit, die Unschuld, der Liebreiz und die Schönheit des aufblühenden Lebens.

Böhmers Sohn war immer gern bei ihr. 1953 erinnert sich Marga in einem Brief an Annalise Wagner an die Zeit, als der kleine Peter sich mit Vorliebe seinen Spielplatz unter Barlachs Atelierfenster suchte:

*„... ,das kann doch einen Seemann nicht erschüttern',
krähte der Bursche, die Ärmchen auf dem Rücken, mit solcher
Inbrunst, wie es eben die Kinder in dem Alter gern tun, wenn
sie so robust, so übermütig wie der Peter B. sind. Da Barlach
sein Ehrenpate war, mochte er auch nichts sagen und das
geschützte Plätzchen, geräumig und sonnig war ja auch ideal
für den Jungen. Ich habe mir den kleinen Kräher oft rüber-
geholt zum Modellieren und Malen, und ich selber hatte dann
auch gleich ein nettes, amüsantes Modell und Barlach hatte
dann wenigstens Ruhe."* [77]

Nun muß Marga den Jungen, wenn er mit seinen Freunden vor dem Atelier spielt, nicht mehr ermahnen. Sie stören Barlach nicht mehr.

Im Atelier ist sein Werkzeug fortgeräumt. Aber im kleinen Böhmerhaus, in dem Zimmer, das sie mit all den alten Möbeln für ihn einrichtete, ist Barlach noch zugegen. Das Kissen auf dem Lehnstuhl liegt da, als hätte er es gerade mit seinem Rücken eingedrückt. Im schweren schwarzen Schrank sind seine Bücher und seine Manuskripte. Alles auf dem kleinen Schreibtisch liegt unverändert. Marga sitzt auf der abgescheuerten Bauernbank und erblickt Barlach überall. Die letzten Lebensbilder und seine Totenmaske sind dazu gekommen und leben nun zwischen seinen Werken aus ihren gemeinsamen Jahren.

Manchmal bekommt Marga Besuch. Bei jedem Genesungsurlaub von der Front kehrt der Sohn von Friedrich Schult bei ihr ein. Er ist Barlachs Patenkind, und Marga mag ihn. Sie hat immer ein Geschenk und gute Worte für ihn. Er kann es nur nicht leiden, wenn sie ihm kurz vor Mitternacht erzählt, daß gleich der Meister erscheinen wird. Schults Sohn gibt es schon bald auf, ihr klarzumachen, daß die eigenartigen Geräusche ihre Ursache in ganz irdischen Dingen haben. Marga Böhmer lebt für ihn in einer ihm fremden Welt.

Auch anderen Besuchern erzählt Marga mehr von Barlach als von sich. Immer wieder spricht sie über den schweren Tod des Meisters. „*... wie er sich stemmte vor dem Letzten, und wie dann ein überirdisches Leuchten von ihm ausging – blau das ganze Auge plötzlich.*" [78]

1992 besuche ich Wolfgang Theopold in Hameln. Nach seiner Pensionierung als Pfarrer 1976 nimmt er 1980 ein Studium der Germanistik an der Universität in Hannover auf. Er ist 71 Jahre, als er seine Doktorarbeit zum Thema „Ernst Barlachs ‚Güstrower Tagebuch' – Zur formalen und inhaltlichen Eigenart" verteidigt. Wolfgang Theopold kannte Barlach und Marga persönlich. Nach dem Kriegsende flüchtete Marga in sein Elternhaus, aber dazu später.

Jetzt geht es um die Jahre von 1938 bis zum Ende des Krieges. Aus dieser Zeit hat Wolfgang Theopold Wichtiges zu berichten.

Marga verwahrte nach Barlachs Tod sein „Güstrower Tagebuch", das er zeitlebens vor anderen geheim hielt. Nur Marga las er daraus vor. „Nach wiederholter mündlicher Mitteilung von Frau Böhmer wollte Barlach – wenn überhaupt – eine vollständige Veröffentlichung erst dreißig Jahre nach seinem Tode." 1942 erhält Wolfgang Theopold das Manuskript aus den Händen von Marga, um eine maschinenschriftliche Abschrift herzustellen. Bevor Marga das Original aus den Händen gibt, berät sie sich mit Bernhard Böhmer. Als die Front immer näher rückt, wird das Manuskript von Frau Theopold in rostfreies Weißblech eingelötet und vergraben. Die vier Maschinenabschriften werden an Personen geschickt, zu denen die Theopolds Vertrauen haben. 1951 werden sie von Friedrich Droß, einem Juristen, der mit Barlach in Güstrow bekannt war, Mitglied im Barlach-Gremium ist und später im Piper-Verlag die Briefe und das dichterische Werk Barlachs herausgibt, aufgefordert, alles Material an die Ernst Barlach Gesellschaft, die 1946 gegründet wurde, zu übergeben.

Das Ehepaar Theopold wird viele Briefe von Marga bekommen. Sie schreibt über ihre Enttäuschung, daß in Sachen

Barlach immer mehr andere bestimmen und sie immer weniger gefragt wird. Es sind sehr offene Worte, die Marga über Jahre an zwei Menschen richtet, denen sie sich in tiefer Freundschaft verbunden fühlt.

Immer wieder wird sich Marga in ihren Briefen und Karten an ihr Leben mit Barlach erinnern. Auf die Zahl der gemeinsam verbrachten Jahre kommt es ihr nicht an, „... *vielmehr auf die Intensität mit der man sie lebt*" [79], schreibt Marga.

Die Zeit mit Barlach zählt für sie zu ihrer inhaltsschwersten und köstlichsten. Vielleicht ist deshalb in ihrer Post kaum etwas über ihre Kinder- und Jugendjahre zu finden.

Lange bleibt diese Zeit ein Rätsel für mich.

1995 erhalte ich eine Abschrift aus dem Taufbuch der Kirchengemeinde Stolberg, des Geburtsortes von Marga.

„1887, den 15. Dezember getauft, geboren den 3. November 1887 Margarethe Charlotte Henriette (das 2. Kind, 2. Tochter). Eltern: Gräfl. Baurath Friedrich Wilhelm Graeber und dessen Ehefrau Sophie Huyhsen."

Aufgeführt werden weiter sechs Taufzeugen. Zu all den Genannten kann der Pfarrer aus Stolberg keine Auskunft geben. Aber der Erbe von Marga weiß Näheres.

Durch ihn erfahre ich, daß Margas Vater Königlicher Baurat in Bielefeld war. Er begleitete die Archäologen Heinrich Schliemann und Wilhelm Dörpfeld bei ihren Ausgrabungen in Kleinasien und Griechenland. Er war auch bei den berühmten

Die Eltern Marga Böhmers

Die Geschwister Graeber. Phia, Lilli
und Marga (v. l. n. r.)

Ausgrabungen in Troja dabei. Die älteste Tochter von Graebers wird 1885 geboren und heißt Lilli. Zwei Jahre später wird Marga geboren, und wieder zwei Jahre später ist Phia da. Sie bekommt 1913 ein Mädchen namens Karola. Später schreibt Marga ihrer einzigen Nichte oft, und sie verabschiedet sich stets herzlich mit Tante Grete.

Im Ausstellungskatalog, der 1988 zu Barlachs 50. Todestag vom Museum der Stadt Güstrow herausgegeben wird und in dem der Frau an seiner Seite ungewöhnlich viel Platz eingeräumt wird, sind weitere Daten aus der Kinder- und Jugendzeit von Marga. Geschrieben steht dort, daß sie von 1893 bis 1902 die Töchterschule in Stolberg besuchte. Doch der Mann von Margas Nichte Karola, der später Erbe des Nachlasses wird, korrigiert das. Durch einen Umzug der Familie Graeber von Stolberg nach Bielefeld kann Marga nur eine Töchterschule in Bielefeld besucht haben. Von 1902 bis 1907 sind im Güstrower Katalog Pensionszeiten in Hilden bei Düsseldorf und in Colombier in der französischen Schweiz angegeben. Danach dann das Bildhauerstudium in Bielefeld, Köln, Düsseldorf und Krefeld. Margas Musikstudium wird erwähnt, und daß sie durch eine Handverletzung nicht mehr Violine spielen konnte. Ab 1915 soll sie als selbständige Tierbildhauerin tätig gewesen sein.

Auf einem Foto, das mir der Erbe schickt, spielt Marga Mandoline. Neben ihr sitzt Bernhard Böhmer. Hinter den beiden ein mir unbekanntes Paar. Auf der Rückseite der

Jugendbildnis von Marga

*Gemaltes Porträt auf Holz
(vermutlich Marga Böhmer darstellend –
Künstler und Herkunft unbekannt)*

96

Atelierfoto mit Marga, Bernhard Böhmer
und dem Ehepaar Lorscheidt

Karte ist vermerkt, daß die zwei das Ehepaar Lorscheidt sind. In dem Atelier sind ein Landschaftsbild auf einer Staffelei und eine Frauenbüste zu sehen. Die Böhmers tragen weiße Kittel. Marga ist die einzige, die den Fotografen anlacht. Eine Aufnahme vom März 1918 aus Krefeld, dem einen der vier Orte ihres Bildhauerstudiums. Andere Fotos von Ateliers stammen aus den Jahren 1913 und 1917.

Atelierfoto (in der Mitte Marga)

Meine Nachfragen zu Marga Böhmer in Düsseldorf blei-
ben ohne Ergebnis. Aber aus Bielefeld kommt im September
1995 gute Post für mich. Ein Mitarbeiter der dortigen Kunst-
halle schickt mir Unterlagen. Er hat zwar mehr zu Margas
Lehrer, ihrer Schwester Phia und ihrem Mann Bernhard
gefunden, aber zu Marga gibt es wenigstens eine halbe
Seite Text. So erfahre ich, daß Marga an der damaligen
Kunstgewerbeschule einzige Schülerin des Bildhauers Hans
Perathoner war und ihren späteren Mitschüler Bernhard
Böhmer heiratete.

Berichtet wird auch von einer Maske Ernst Barlachs, die am 18. November 1964 in Hamburg versteigert wurde, und daß andere eigenständige Werke von ihr bisher nicht bekannt sind.

Unterlagen, die nähere Auskünfte über Margas Schul- und Studienjahre geben, hat auch der Erbe nicht. Aber er schickt mir ein Foto von Graebers Haus in Bielefeld, das die Familie 1892 nach ihrem Umzug aus Stolberg bezieht. In der Villa am Johannisberg verleben Marga und ihre Schwestern ihre Kinder- und Jugendjahre. Das geräumige Haus ist von einem großen Garten mit vielen alten Bäumen umgeben.

Ihrer Freundin Annalise Wagner berichtet Marga 1951 aus dieser Zeit: „*Als Kind habe ich so oft die Schule Schule sein lassen und bin heimlich alleine in die großen Buchenwälder gelaufen, um durch das bunte Laub am Boden zu rauschen und mich von der goldenen Pracht verzaubern zu lassen über und unter mir. Dafür ließ man sich gern hernach in Strafe nehmen und meine Eltern lachten sogar, daß ich's immer und immer wieder tat. Sie lachten zwar heimlich, aber ich sah es doch und freute mich im Stillen über ihr Verstehen für dieses ‚Laster‘, das mir in der Schule zwei Stunden Nachsitzen einbrachte.*" [80]

Marga ist gern allein, was die Mutter schon bemerkt, als ihre Tochter erst drei Jahre alt ist.

1912, zur Hochzeit von Phia, bringen Marga und Lilli der Braut ein Ständchen. Sie singen ihren selbst verfaßten Text zur Melodie „Freut euch des Lebens" und erinnern an den Zwerg, der aus der Grotte am Johannisberg lachte und ihnen

Bielefeld

Blick vom Johannisberg

Die Villa der Familie Graeber in Bielefeld

beim Klettern auf die Bäume zusah. Sie saßen wie die Vögel im Nest, und das war für sie der beste Platz auf Erden. Phia und Marga schwärmten von der Kunst der Malerei und wären, um sie zu erlernen, am liebsten nach München gezogen. In den Unterlagen, die ich aus Bielefeld habe, finde ich diese Zeilen bestätigt, denn dort wird von einer Kunstreise geschrieben, die Frau Graeber mit ihren drei Töchtern macht. Sie halten sich in München, Oberitalien und in der Schweiz auf. Nach dieser Reise beschließt Phia, an der Kunstgewerbeschule in Bielefeld Malerei zu studieren, und bald wird ihr Marga folgen.

Doch noch haben sie und Lilli ihr Lied zu Phias Hochzeit noch nicht zu Ende gesungen. Es gibt noch einiges aus diesem Text von den Kindertagen zu erfahren.

Im Turm der Villa verstecken sich die Mädchen, und das nächtliche Picknick mit Brot, Butter, Käse, Sardinen und Eis ist ihnen wie eine Götterspeise. „Jetzt kommt der böse Amor her", dichteten Marga und Lilli, „und schlägt mich in Fesseln schwer. Nun ist's mit dem Schwärmen auf einmal aus: Ich soll an Herd und Haus."

Fünf Jahre, nachdem Marga das gesungen hat, wird sie Bernhard Böhmer heiraten und wohl lieber mit Gips modelliert haben, als Knödel zu formen und Kuchen zu backen. Die Anforderungen, die man an eine Haushälterin stellt, wird sie auch im Zusammenleben mit Barlach nie perfekt erfüllt haben. Marga ist eben keine Frau für Herd und Haus, sondern eine, über die Barlach schreibt: „Ich bin des steten Bewußtseins froh, mit Dir im Herzen einig zu sein." [(81)]

Daß Barlach oft bedauerte, daß Marga ihm nicht zehn Jahre eher unter die Augen kam, erfahre ich aus einem Brief, den sie an Annalise Wagner schreibt. In ihm benennt sie auch ihre Lebensorte, bevor sie Barlach kennenlernte: „... *seit 1922 war ich ja erst in Mecklenburg. Erst in Liepen, dann schon etwas näher im Schwaaner Landhäuschen und ab 1924 dann in Güstrow. So kam man sich immer näher."* [(82)]

Aber für mich ist jetzt erst einmal Liepen wichtig. Im
Oktober 1995 nehme ich mir vor, jeden der sechs Orte mit
diesem Namen in Mecklenburg-Vorpommern aufzusuchen. An
einem Freitag bin ich in meinem Liepen Nr. 1 in der Nähe
von Hohen Wangelin. Auf der Straße stehen drei ältere
Frauen in geblümten Kittelschürzen. Als ich sie frage, ob ein
Ehepaar Böhmer Anfang der 20er Jahre hier ein Gut hatte,
schütteln sie sofort mit den Köpfen. Mein trauriges Gesicht bringt eine von ihnen zum Nachdenken. Wenn ich will,
könnten wir zur Hanne (Kobow D. C.) fahren. Vielleicht weiß
die noch etwas. Und Hanne sagt ganz ruhig: „Natürlich haben die Böhmers hier gelebt." Ihr Vater, Konrad Kobow,
hat ihr mehr als nur einmal von diesem auffälligen Paar erzählt. „Der Mann war ein Künstler, ein Maler und seine Frau
war eine sehr feine Dame. 100 ha Land hatten die beiden,
Kühe, Schweine, na eben alles, was zu einer Landwirtschaft
dazugehört. Lange geblieben sind sie nicht. Vielleicht ein
oder zwei Jahre. Die Landwirtschaft war wohl doch nicht ihre
Sache."

Zu sehen ist von dem Gutshaus nichts mehr. Anfang der
siebziger Jahre soll es abgerissen worden sein. Nur eine Mau-
er von einem Stall steht noch. Hier hat Marga also einmal
gelebt. Keiner kann sich erinnern, daß sie jemals über ihre
Zeit in Liepen erzählt hat. Karola Carlson, die seit Anfang der
50er Jahre in Amerika lebt und deren Mutter mit Marga eng
befreundet war, sieht noch einmal alle Briefe und Tagebücher
durch. Nein, von Liepen ist nichts zu lesen. Dafür findet sie

in ihren Tagebüchern vieles andere, was Marga ihr damals erzählte. Dazu gehört auch, wie sie sich als junges Mädchen mit allen Mitteln wehrte, wenn die Eltern ihr religiöse Zwänge auferlegen wollten. Marga wollte ihren eigenen Weg gehen. In ihrer Erinnerung an sie schreibt Karola Carlson aus Amerika: „... ich bin mir sicher, sie hatte Visionen und ging einer Philosophie nach, die sie über die schwierigen Tage des Alltags hob. Nur, wenn es sich um das Erbe des Meisters handelte, war sie ganz von DIESER Welt ... Mir ist, als ob sie von Träumen sprach und sie deutete. Und davon etwas hielt. Zu sagen, daß sie die Zukunft voraussehen konnte, wäre wohl zu viel gesagt."

Einen Monat nachdem ich diesen Brief erhalten habe, sitze ich im September 1995 mit Walli Pleger zusammen, der Marga als 19jähriges Mädchen aus der Hand gelesen hat, und ihre Prophezeiungen gingen in Erfüllung. Aber das geschah, nachdem der Krieg bereits über ein Jahr vorbei war.

Kurz vor seinem Ende vermochte wohl niemand, in die Zukunft zu sehen. 1945 droht auch der kleinen Stadt Güstrow das gleiche Schicksal wie so vielen Orten in den von Deutschland überfallenen Ländern. Ermordete Menschen, verbrannte Häuser, vergewaltigte Mädchen und Frauen, verwaiste Kinder, verkrüppelte Männer, Hunger und Trauer. Das hinausgeschickte Unglück kommt zurück und steht vor der eigenen Tür. Alleinzusein in dieser Zeit macht die Angst vor dem, was kommen wird, noch größer.

V.
Was soll werden

Seit dem Spätherbst 1944 ziehen Flüchtlingstrecks durch die Stadt. Es kommen immer mehr Kinder, Frauen, gebrechliche Alte und Verwundete. Auf Schubkarren, Kinderwagen und Fahrrädern oder in Koffern und Bündeln haben sie ihre wenigen Habseligkeiten. Sie schleppen sich ins Ungewisse. Nur wenige Güstrower folgen ihnen. Die meisten wollen nicht fort von ihrem Zuhause. Sie wüßten ja auch gar nicht, wohin sie gehen sollten. Auch Marga bleibt in der Stadt. Ende April weiß es hier jeder – die Russen kommen. Die Angst ist groß. Was wird geschehen? Der neue Kampfkommandant von Güstrow hat den Befehl gegeben, daß die Stadt bis zur letzten Patrone zu verteidigen ist. Wer eine weiße Flagge zeigt, soll sofort erschossen werden. Die Russen sind nur noch ein paar Kilometer von der Stadt entfernt. Wie lange wird es noch dauern, bis Güstrow in Schutt und Asche liegt? Wieviele Tote wird es geben? Was soll nur werden? Die Russen kommen.

Doch Güstrow wird von der Roten Armee nicht angegriffen. Menschenleben, Wohnungen, Arbeitsstätten und historische Bauten entgehen der Vernichtung.

Anfang der 60er Jahre tragen Mitarbeiter des Heimatmuseums Erlebnisberichte von Bürgern aus dieser Zeit zusammen. Im Museum der Stadt liegen die detaillierten Aufzeichnungen des damaligen Landrates Wilhelm Beltz und das minutiös geschriebene Tagebuch von Elisabeth Senf, das am 15. Mai plötzlich abbricht und durch ihren Selbstmord am 9. August 1945 unvollendet bleibt.

Der Museumsleiter, Bernhard Blaschke, veröffentlicht 1965 in den „Beiträgen zur Heimatgeschichte" den Versuch einer Darstellung der kampflosen Übergabe der Stadt Güstrow an die Rote Armee am 2. Mai 1945. „Wenn wir unseren Beitrag als einen Versuch deklarieren, so geschieht das in dem vollen Bewußtsein, daß noch zahlreiche Lücken zu schließen sind", schreibt er. Maßgebend für die kampflose Übergabe ist für ihn auch „die entschiedene Haltung zahlreicher und nicht einflußloser Bürger aller Schichten ..."

Doch in den Zeitungen, in den Fernseh- und Radiosendungen und in den Schulen heißt es, daß diese Heldentat einer kleinen Gruppe von Kommunisten zu verdanken ist. Was sich wirklich zutrug, ist eine erschütternde, verblüffende und spannende Geschichte, die noch immer nicht veröffentlicht ist.

Welch einen Schmerz müssen die Menschen in all den Jahren empfunden haben, in denen ihnen die letzten Kriegstage und die Wochen danach so dokumentiert wurden, wie sie keiner von ihnen erlebt hat.

Am 2. Mai 1995 wird erstmals öffentlich über die letzten Kriegstage in Güstrow und die Zeit danach gesprochen. Laut werden im Haus der Kirche die Namen der Männer und Frauen genannt, die die Stadt vor der Zerstörung retteten und denen auch eine Kette von unglaublichen Zufällen zur Hilfe kam, die das alles erst möglich machte. Bis in die späten Abendstunden sitzen Zeitzeugen und solche, die sich von ihnen erinnern lassen wollen, zusammen. 50 Jahre sind seit dem Krieg vergangen. Der jetzige Bürgermeister staunt mit großen Augen. „Das habe ich alles noch nie gehört", sagt er. Viele Menschen erzählen das erste Mal vor großem Publikum über ihre damaligen Ängste, über die vielen Selbstmorde, die willkürlichen Verhaftungen und über ihre ganz unterschiedlichen Erfahrungen mit den Russen. Mit einigen von ihnen habe ich mich bereits früher getroffen, um zu erfahren, was Marga in dieser Zeit erlebte.

Schreckliches soll am Heidberg passiert sein: Böhmer habe sich und seine Frau erschossen, aber der Junge wurde nicht tödlich verletzt. Alle drei seien ins Wasser gegangen, aber der kleine Peter wurde gerettet. Die Russen hätten das Ehepaar mit der Axt erschlagen, den Sohn aber verschont. Immer wieder andere Geschichten und immer wieder die Bestätigung, daß es genauso und nicht anders war.

Wenn ich wirklich erfahren will, was am 2. Mai 1945 geschehen ist, kann mir nur Peter Böhmer helfen.

An einem Dienstag im April 1995 bin ich mit ihm auf dem Bahnhof Hamburg-Dammtor verabredet. Als Erkennungszeichen halte ich ein Bild von Barlach in der Hand. Nach einer Stunde, die ich auf dem zugigen Bahnsteig auf und ab gegangen bin, grinsen mich alle Bahnhofstrolche an. Einer zeigt auf das Barlachbild und ruft mir zu: „Der kommt bestimmt nicht mehr." Ich solle mir einen andern und vor allen Dingen einen Jüngeren suchen.

Nach drei Stunden ist Peter Böhmer da. Viel Zeit bleibt uns nicht mehr für ein Gespräch, aber ich erfahre endlich die Wahrheit.

Nein, es gab keine Schüsse, keine Axthiebe. An einen voll beladenen LKW, der plötzlich defekt war, kann sich Peter Böhmer nicht erinnern. Es war alles ganz anders. Nichts stimmt, was man mir über die letzten Tage von Bernhard Böhmer in Güstrow erzählt hat. Halten sich diese Legenden so stark, weil Böhmer in dieser kleinen Stadt etwas so außergewöhnliches war und man von ihm nur Außergewöhnliches erwartete? Selbst während seiner letzten Lebenstage werden ihm besondere Umstände und außergewöhnliche Entscheidungen angedichtet. „Es gab keinen voll beladenen LKW", erzählt mir Böhmers Sohn Peter, „sondern nur ein voll beladenes Auto mit Anhänger." Vom Osten her rückten die Russen an. Sie standen schon fast vor Böhmers Haustür. Im Westen die Amerikaner. Sie waren bis Schwerin gekommen. Bernhard Böhmer, der Mann, der jahrelang zwischen zwei Fronten gelebt hatte, wußte nicht mehr, wo er bleiben konnte. Sein Leben hatte kein Ziel mehr. Und so entschied er am 3. Mai 1945 für sich und für seine Familie das zu tun, was über 500 Menschen in Güstrow taten. Aber vorher saßen sie zu dritt noch einmal zusammen. Das letzte gemeinsame große Essen der Familie Böhmer an einem warmen Frühlingsabend. Das wußte auch Peter Böhmer, und er wollte lieber mit den

Eltern sterben, als den Russen in die Hände zu fallen. Nach dem Essen gab man dem 12jährigen Jungen Morphium und Schlaftabletten. Seine Eltern schluckten Zyankali. Als Peter aufwacht, sitzen Marga und ein russischer Offizier an seinem Bett. Er soll brechen und immer wieder brechen. Nur nicht einschlafen. Auf keinen Fall schlafen. Peter Böhmer glaubt sich zu erinnern, daß Marga seine toten Eltern und ihn entdeckte. Sie war es auch, die seine Tante in Rostock informierte, bei der er dann schon bald aufgenommen wurde.

Einen Monat später lese ich ähnliches in einem Brief aus Kanada: „Marga fand den Jungen, der schon halbtot da lag, hat ihn heftig umgekippt und gerüttelt und ihm das Leben gerettet." Die Frau, die mir von ihrem Gespräch mit Marga Böhmer schreibt, heißt Dr. Naomi Jackson Groves. Schon als junge amerikanische Studentin ist sie tief berührt von Barlachs Werk. In vielen ihrer wissenschaftlichen Arbeiten wird sie sich mit seiner Kunst auseinandersetzen. Bei ihren Besuchen in Deutschland ist ein Reiseziel immer wieder Güstrow. Aus den ersten Begegnungen mit der Lebensgefährtin des von ihr so verehrten Künstlers wird schon bald eine Freundschaft zu Marga Böhmer. So erfährt Naomi Jackson Groves auch viel von Margas Leben nach Barlachs Tod. Peter Böhmer ist ihr deshalb nicht fremd. Aber lassen wir ihn noch einmal selbst zu Wort kommen.

Festgehalten hat er in seinen Erinnerungen das Gute aus der Zeit am Heidberg. „Ich hatte eine schöne Kindheit", sagt Peter Böhmer. Er spricht immer wieder von Margas Fürsorge und daß er sie Tutta nannte. Peter Böhmers Frau zeigt mir ein Bild von den beiden. Marga an der Seite ihres Bübchens. Sie müssen einander sehr gemocht haben und scheinen den Fotografen gar nicht bemerkt zu haben.

Nach dem Tod von Bernhard Böhmer ist der 1938 gebildete Freundeskreis, der Barlachs Nachlaß verwaltet und sich das Gremium nennt, ohne Geschäftsführer und Marga am Heidberg ohne den Schutz eines Mannes. Freundinnen von ihr erzählen mir, daß mit Marga das geschehen ist, was so vielen Mädchen und Frauen angetan wurde. Es auszusprechen, fällt ihnen schwer. Unser Gespräch bricht vernarbte Wunden schmerzlich auf.

Sieben Jahre nach diesen schrecklichen Tagen wird Marga an ihre Freundin Annalise Wagner schreiben: *„Es gibt starke Ereignisse, grausige, die sich wohl nie verarbeiten lassen. Dazu gehören auch die ersten Maitage von 1945, die mir noch manche schlaflose Nacht bringen werden. Man wird durch sie immer wieder aus dem Geleise geworfen. Es war ja alles zu sehr mit dem Herzen erlebt, nicht nur mit den Augen, was für die andern Heidberger zutreffen würde. Vielleicht ist man auch zu empfindsam, für so starkes Erleben und grausige Begebenheiten nicht hart genug."* [83]

Später, in Margas letzter Lebenszeit, wiederholt sich in ihren Nächten all das Schreckliche. Am Tag hat sie nur verhalten, unter vier Augen, mit Freunden über die grausamen Erlebnisse sprechen können. Was geschehen war, durfte selbst

Jahre danach nicht offen gesagt werden. Und so verkriechen sich die Erinnerungen in die Träume der Frauen. Eine unbewältigte Last liegt in den Nächten auf ihnen, läßt sie schwitzen und nimmt ihnen die Luft zum Atmen. Die Kehle ist wie zugeschnürt. Wie soll man sich nur wehren? Marga schreit und reißt sich so von diesen Alpträumen los. Aber die ungebetenen Gäste der Nacht kommen immer wieder.

Was damals geschehen ist, liegt noch immer im dunkeln. Wie lange konnte Marga noch in ihrem Haus am Heidberg bleiben? Wann flüchtete sie zur Familie des Tierarztes Theopold, mit der schon Barlach befreundet war? Wie lebte sie im Fremdenzimmer dieses Hauses, in dem es nach dem Kriegsende auch so viel Elend gab? Wann kehrte Marga in Barlachs ehemaliges Atelier in der Schützenstraße zurück, und mit wem rettete sie all die wertvollen Arbeiten?

Verängstigt ist Marga, an diesem alten, vertrauten Ort noch lange Zeit. „Sie öffnete in dem früheren Atelier von Barlach nur auf ein ganz bestimmtes Klopfzeichen", erzählt mir die Malerin Vera Kopetz. Von der 85jährigen Frau, die ich im März 1995 auf Usedom besuche, erfahre ich auch, daß das Staatliche Museum in Schwerin Porträts von Marga Böhmer besitzt, die Vera Kopetz gemalt hat. Die Bekanntschaft dieser beiden Frauen löst Friedrich Schult aus. „Kümmere Dich um Frau Böhmer", bittet er die Malerin.

Von den damaligen Gesprächen weiß sie keine Einzelheiten mehr. Meine vielen Fragen überfordern Vera Kopetz. Es ist alles zu lange her und so intensiv, wie ich gehofft hatte, waren die Gespräche zwischen den beiden Frauen mit ähnlichen Schicksalen nicht. „Marga lebte in einer anderen Welt", sagt mir die Malerin. Aus dem Keller von Vera Kopetz haben wir ein unvollendetes Bild von Marga Böhmer geholt und es neben uns auf den freien Stuhl gestellt. Marga schaut uns an. Nach meinem Besuch schreibt mir Vera Kopetz: „Daß ich das 2. Porträt v. Marga Böhmer nicht vernichtet habe, obgleich es nicht gut ist, liegt an meiner Sympathie, meiner Freundschaft und meinem Mitgefühl für diesen Menschen."

Als 1945 durch den Einzug der Russen am Heidberg dem neuen großen Atelier von Barlach die Verwüstung droht, Kunstwerke von ihm in Gefahr sind und vieles schon im Wald zerstreut liegt, wird Friedrich Schult den Nachlaß retten. Er gehört mit zu den Personen, die Wilhelm Beltz bei seinem entscheidenden Gespäch mit einem Offizier der Roten Armee als Männer seines Vertrauens nennt. Es gelingt Friedrich Schult, für Marga am 12. Mai 1945 einen Schutzbrief mit folgendem Wortlaut zu beantragen:

„Der künstlerische Nachlaß des Bildhauers und Dichters Ernst Barlach und die Betreuerin dieses Nachlasses, Frau Marga Böhmer, werden hiermit unter Schutz gestellt. Barlach, wie Käthe Kollwitz, ein Freund der Armen, der Bedrängten und Verfolgten, wurde von der russischen Regierung zum Wettbewerb für das Lenin-Denkmal aufgefordert. Seine Werke, die von den Nationalsozialisten zerstört, oder aus den öffentlichen Sammlungen entfernt wurden, sind nach seinem Tode von Freunden in der alten Werkstatt geborgen.   Der Bürgermeister" [84]

Mit einem Wagen, vor den der kleine Esel aus dem Tierpark vom Rosengarten gespannt ist, und bewaffnet mit einem Beil, zieht Friedrich Schult in den Heidberg, um Barlachs Nachlaß zu retten. Es schützt ihn auch eine Armbinde, die mit russischen und deutschen Worten bedruckt ist und die nur an „Bevorzugte" vergeben wird, wie er es selbst in seinem Tagebuch vermerkt.

Es ist an der Zeit, mehr von diesem Mann aus Güstrow zu berichten, dem Marga noch oft begegnen wird.

Friedrich Schult war Zeichenlehrer, Dichter, Bibliophile, Heimatkundler, Hobbyarchäologe, Graphiker, Porträt- und Landschaftszeichner. Daß man ihn in Güstrow nicht vergessen hat, mag daran liegen, daß man hier von 1914 an überall etwas von ihm hörte, von ihm las oder sah. Damals wurden Besucher der Stadt mit einem Blick auf seinen Stadtplan und seine Landkarte auf dem Bahnhofsvorplatz empfangen. Schult war es, der die Bezeichnung „Güstrow – das Herz Mecklenburgs" prägte. Er war ein guter Gebrauchsgraphiker, was man an den Papieren der damaligen Geschäftsleute sehen kann. Das Titelblatt der Festzeitung zur 700-Jahr-Feier der Stadt Güstrow ist von ihm. Er entwarf Möbel, Grabmäler, veröffentlichte Gedichte und spielte mehrere Instrumente. Der 152 cm große Mann, der in ganz Güstrow „Lütten Schult" genannt wurde, kommt 1914 als Zeichenlehrer an das Realgymnasium und ist schon bald mit einem Empfehlungsschreiben bei Barlach.

Der Meister empfängt den jungen Mann nach seinen eigenen Worten mehr unwillig abschätzend als empfangend. Doch schon beim zweiten Treffen kommen sie sich näher und werden langsam vertrauter miteinander. Sie wandern durch das Land, tauschen Meinungen und Bücher. „Anteilnahme wie Abstand, Verständigung wie Mißverständnisse waren Bestandteil der gegenseitigen Neigung." So sieht Elmar Jansen die Beziehung in seinen eigenen Aufzeichnungen, die er zusammen mit Schults umfangreichen Schriften zu Barlach 1985 veröffentlicht.

Barlach wird der Taufpate des Sohnes von Friedrich Schult werden. Gemeinsam bewirtschaftet man einen Garten am Sonnenplatz. Bekannt ist, daß diese Freundschaft einen Bruch bekam, als Barlach sich in die Frau von Schult verliebte. Die Freundschaft zerbricht nicht daran, aber man sieht sich weniger, und vier Jahre nach dem Vorfall, der beide Seiten verwirrte und verletzte, lernt Barlach das Ehepaar Böhmer kennen.

Von der Liebe zwischen Ernst Barlach und Marga wird Friedrich Schult nie sprechen.

Vergebens suche ich Marga in seinen Veröffentlichungen über Barlach. Ein Jahr nach Barlachs Todestag erscheint „Barlach im Gespräch. Mitgeteilt von Friedrich Schult". Es ist ein auf Büttenpapier gedrucktes Heft von 22 Seiten Umfang. Vor mir liegt eine Ausgabe aus dem Jahre 1985. Der Herausgeber, Elmar Jansen, teilt im Nachwort mit, daß der vorliegende Band das Ergebnis eines Entwicklungsprozesses ist, in dem Schult seine Ausarbeitungen erweiterte oder neu faßte.

Ich lese das Buch mehrmals und finde kein Wort über Marga Böhmer. In den hier veröffentlichten Tagebuchnotizen von Friedrich Schult sind der Todestag von Barlach festgehalten, die Stunde des Sterbens und der ärztliche Befund. Detaillierte Aufzeichnungen zum 25., 26., 27. und 28. Oktober folgen, aber Marga taucht niemals auf.

In seinen letzten Aufzeichnungen teilt Friedrich Schult Namen der Personen mit, unter deren lebenslanger Abhängigkeit Barlach litt. Mit dabei sind auch „die Böhmers". Am Ende des Kapitels schreibt Friedrich Schult über sein Verhältnis zu Barlach nach der Krise: „In den zwanziger Jahren lebten wir mehr oder weniger einsam nebeneinander her. Er wurde von den Böhmers wie ein Augapfel behütet."

Doch das Ehepaar Böhmer gab es zu dieser Zeit bereits nicht mehr. Bernhard Böhmer hatte anderes zu tun, als Barlach zu behüten, und Marga war längst Barlachs lieber Jeter. Ob er ihr nah oder fern war, immer wollte er sie beschützen und sie vor allem Unheil bewahren. Wir kennen viele der Liebeserklärungen von Barlach an Marga. Aber es gibt auch die kleinen Besorgnisse, die mehr als die großen Worte verraten, wie wichtig ihm Marga war.

Am 14. Oktober 1927 klagt Barlach: „… wie wirst Du wieder husten! Armer Husterich …!" [85] Er will für Marga weiter husten.

Am 21. August 1930 schreibt er ihr: „Ich denke immer dran, ob Du Dich wohl ein bischen pflegst?? Tu es doch, Jeter, es bekommt mir so gut, wenn ich es mir denken kann, dass Du in der Stille des Heidbergs auf dem Stuhl sitzt und den Piepvögeln etwas abgibst, aber selbst keine Vogelportionen isst." [86]

Diese Liebe wird mit keinem Wort in Friedrich Schults letzten Aufzeichnungen erwähnt. Den Namen Marga Böhmer wird man bei ihm nicht finden. Es ist nur zweimal die Rede von den Böhmers. Für Außenstehende wird der Eindruck erweckt, daß Marga und Bernhard noch immer ein Paar sind, dabei gehen sie schon längst ihre eigenen Wege.

Der Verfasser des Nachwortes zum Buch von Friedrich Schult rätselt jedoch über ganz anderes. Elmar Jansen schreibt: „ ‚Lang ausgesponnene Berichte' auf Seiten Schults haben nach Barlachs Meinung die Unterhaltung bestimmt. Schult wiederum hat versichert, daß ‚eigentlich eher Barlach' die Gespräche bestritten habe." [87] Wie es wirklich war, wissen nur die Beteiligten.

Warum das verheiratete Paar Schult und das unverheiratete Paar Barlach-Böhmer keine Zuneigung für einander empfanden, kann ich nicht beantworten. Ich kann nur vermuten, daß es beide Paare nicht wollten.

1945 ist Schult 56 Jahre alt und wird vom Schuldienst für

kulturelle Aufgaben freigestellt. Er wird die ausgelagerten Bestände des Heimatmuseums und des Ratsarchivs bergen sowie viele Nachlässe von Güstrowern, die sich im Mai 1945 das Leben nahmen. Durch den Schutzbrief ist es ihm möglich, sich am Heidberg frei zu bewegen. Den Nachlaß von Barlach, erzählt mir sein Sohn, lagert Friedrich Schult an drei verschiedenen Stellen in Güstrow ein. 17 Fuhren bringt er in die Stadt. Marga war nicht dabei, versichert mir der Sohn immer wieder. Aber in einem Brief aus Amerika schreibt mir eine Frau, daß ihre Schwester 1945 vom Arbeitsamt zum Saubermachen in den Heidberg geschickt wurde und dort von Frau Böhmer gebeten wurde, mit ihr Rollen verschiedener Größe vom Dachboden zu holen. „Es sind Barlachs Arbeiten", verrät Marga, und dann verschwindet sie mit einem Ziehwagen, auf dem die Rollen liegen.

Was wirklich geschehen ist, erfahre ich erst durch das Tagebuch von Friedrich Schult, in das mir sein Sohn 1995 Einblick gewährt. Detailliert ist hier angeführt, was alles in den Tagen vom Mai bis zum Juni 1945 passierte, und zu erfahren ist auch, wie sich die Ereignisse in der kleinen Stadt überschlugen.

Am 7. Mai hört Friedrich Schult beim Abräumen einer Panzersperre in der Wasserstraße, daß Böhmers tot sind, aber Peter lebt. Ende April hatte er in seinem Tagebuch notiert: „Böhmer verstört. Hella verzweifelt, daß man die letzte Gelegenheit zur Flucht – Sellschopscher Treck – versäumt hat, gesteht mir offen, daß sie auf alle Fälle mit Gift ausreichend versehen sind. Nicht ernst genommen wie alle dergleichen Parolen, mit denen man mir in diesen Tagen in den Ohren liegt. Hella beim Abschied in Tränen."

Dem Tagebuch ist auch zu entnehmen, daß Friedrich Schult weiß, was mit Marga geschehen ist. Sie muß ohnmächtig ertragen, was so vielen jungen Mädchen, Frauen und Greisinnen in jenen Tagen geschieht.

Bereits am 9. Mai bemüht sich Friedrich Schult um die Rettung des Barlachschen Nachlasses am Heidberg. Drei Tage später entwirft er einen Schutzbrief für sich und Marga. Am 15. Mai sieht er Marga und notiert, daß sie krank und schwach im Bett liegt. Obwohl er weiß, was ihr selbst geschehen ist und daß sie das tote Ehepaar Böhmer fand und den Jungen, kann er ihre Geschichten darüber nicht ertragen, weil er sie für ausgeschmückt und übertrieben hält. Selbst im Elend bleibt Marga ihm fremd. Wo kommt diese Härte her, oder bestätigt sich nun, was Barlach einmal von Schult sagte, daß er es verstehe, gelassen durch dick und dünn zu kutschieren und dabei mit heilen Kleidern durch alle Gestrüppe zu kommen?

Was man auch über ihn sagen und denken mag, der kleine zähe Mann läßt nichts unversucht, um Barlachs Nachlaß aus dem Heidberg zu retten. Am 20. Mai notiert er, daß sich Margas Befinden gebessert hat. Einen Tag später erhält er zum Abend die Nachricht, daß sie rigoros aus ihrem Haus gewiesen wurde. Und weil er weiß, wieviele wertvolle Arbeiten noch dort sind, wird Friedrich Schult nun ganz aktiv. Alles muß fort von hier, bevor es vernichtet oder gestohlen wird. Von Peter Böhmer erfährt er, wo er suchen muß. Plastiken und Mappen mit Zeichnungen lädt er auf. Eile tut not. Eine Arbeitskolonne war am 24. Mai in den Häusern eingesetzt. „Wüster Zustand", schreibt Friedrich Schult und am 29. Mai „Neuer Schrecken am Heidberg. Margas Haus wird überraschend geräumt." Schult ist verärgert, daß Marga Manuskripte und Zeichnungen nicht längst geborgen hat. Vieles muß im Wald und in den Müllbergen gesucht werden. Er kann es nicht fassen, daß Marga so vieles von ihrem eigenen Hausrat auf den Handwagen legt, den er für Barlachs Nachlaß besorgt hat. „Marga am weiteren Verladen gehindert", notiert er in seinem Tagebuch. Viele Tage wird er noch brauchen, bis alles geborgen ist. Drei Frauen unterstützen ihn nicht unerheblich dabei, und auch Marga wird am 6. Juli als Helfende erwähnt.

In erster Linie gebührt Friedrich Schult das Verdienst der Rettung des Nachlasses von Barlach. Warum Marga im Mai und Juni 1945 nicht anders reagieren konnte, wird sicherlich nicht durch die Kommentare in Friedrich Schults Tagebuch deutlich, wohl aber durch die Fakten, die dort ebenfalls aufgeführt sind. Marga mußte ihr Haus verlassen von einem Tag auf den anderen. Barlachs ehemaliges Atelier ist von den Russen besetzt. Sie geht, ohne sich noch einmal umzusehen.

Erst 1947 wird das Atelierhaus von der Roten Armee geräumt. Es diente als Reperaturwerkstatt und Pferdestall. In der Küche hielt man Gänse. Nun ist alles verwahrlost. Keine Tür läßt sich mehr verschließen. Und in den Nächten kommen heimlich Leute, um zu schauen, ob sich nicht doch noch etwas Brauchbares in dem großen Haus finden läßt. Schult entschließt sich, kurzfristig in das Atelierhaus zu ziehen. Dem pfiffigen kleinen Mann gelingt es nicht nur durch den Tausch von Autoteilen, welche die Russen zurückließen, dafür zu sorgen, daß das große Haus bald wieder bewohnbar ist.

1948 überträgt ihm Barlachs Sohn die Verwaltung des Nachlasses, und alles ist so, als würde es Marga schon gar nicht mehr geben.

Friedrich Schult wird Barlachs Nachlaß sichten, ordnen und Werkverzeichnisse anfertigen. In vielen Veröffentlichungen nennt man ihn in Anlehnung an Goethes Privatsekretär Barlachs Eckermann. Aber mit dieser Bezeichnung droht Schults eigene vielgeschichtige künstlerische Tätigkeit in Vergessenheit zu geraten. Schließlich ist er, als ihm langjährige Forschungsarbeiten zum Barlachschen Werk übertragen werden, fast 60 Jahre alt. Für Verehrer des Meisters, die seine letzte Arbeitsstätte sehen wollen, wird es nicht immer leicht sein, beim strengen Schatzhauser Friedrich Schult Einlaß zu finden.

Zusammmenarbeiten werden er und Marga nie.

Er hielt sie für eine Träumerin und war der Meinung, daß ihre Kenntnisse über das Gesamtwerk von Barlach nicht ausreichen. Aber es lag wohl eher daran, daß Marga sich zu einer kühlen wissenschaftlichen Arbeit, die eine Werkanalyse erfordert, nicht berufen fühlte. Ob sie Schults Fähigkeiten auf diesem Gebiet schätzte, ist mir nicht bekannt. Ich weiß nur, daß Marga oft behauptete, daß Schult nicht im Sinne des Meisters handelte. Beide werden an unterschiedlichen Orten und mit unterschiedlichen Vorstellungen in Güstrow tätig sein, um Barlachs Werk zu bewahren.

Für Marga beginnt eine schwere Zeit, als sie sich ihren Platz sucht und um die Einrichtung der Gertrudenkapelle als erste Barlach-Gedenkstätte kämpft. Ein Raum, den sich der Künstler schon zu seinen Lebzeiten als Heimstatt für seine Figuren gewünscht hat.

Es wird lange dauern, bis ihm dieser Wunsch erfüllt wird, und so manches Unerwartete wird bis dahin geschehen.

Innenraum der Gertrudenkapelle

Marga Böhmer in dem wieder eingerichteten Atelier
in der Schützenstraße 30, nach dem Krieg

VI.

Kalte Winter

Mit Kerzenlicht und Blumenflor hat Marga Barlachs ehemali-
ge Werkstatt in der Schützenstraße geschmückt. Hier begann
ihre Liebe. Nun ist der Raum Margas Zufluchtsort nach dem
Krieg geworden.

Es ist der 12. Todestag von Barlach. Die vielen Besucher sind längst gegangen. Lange Schatten tanzen hinter den halb beleuchteten Figuren, geheimnisvolle Bewegungen. Marga genießt das tanzende Licht. Aber sie wird mit all den Kunstschätzen nicht in dem weiß gekalkten, unheizbaren Raum bleiben können. *„Die kostbaren Blätter, Zeichnungen z. T. werfen sich schon unterm Glas und die Schuhe schimmeln und die Kleider im Schrank bekommen merkwürdig graue kreisrunde Flecken"* [88], schreibt sie im Oktober 1950. Sehnlichst wartet Marga auf den Umzug in die Gertrudenkapelle.

Immer wieder nimmt sie das Foto von Barlach zur Hand, das ihn vor dem großen Portal der Kapelle zeigt. Kaum ein anderes gibt für sie den ewigen Wanderer Barlach so wieder, wie gerade dieses.

Oft war er hier, um die alten Inschriften der Grabplatten zu lesen und um zu zeichnen. Eine eigenwillige Stille umgibt die kleine gotische Kapelle. Sie legt sich wie eine schützende Hand um alle, die den uralten Garten betreten. Hier wird der Gang ruhiger, der Atem freier und der Blick weiter. Im Frühjahr bedeckt zartes Grün die Insel der Toten. Leiser als anderswo singen die Vögel hier. Sommersonnenstrahlen umspielen die Kreuzfamilien. Moosgeflecht umrandet die Grabplatten auf dem Boden. Im Herbst ist die Insel der Ruhe und des Friedens in goldfarbenes Licht getaucht. Die Kapelle strahlt unvergänglich schön wie eine Königskrone. Würdevoll und erhaben wirkt sie im Winter im Kreis der mit Rauhreif bedeckten Bäume, die dann wie die Bräute von

Marga Böhmer vor der Gertrudenkapelle

Riesen aussehen. Seit dem 15. Jahrhundert steht die Kapelle in Güstrow. Sie wurde der Heiligen Gertrude, der Schutzpatronin der Reisenden, geweiht. Die Armen, die Witwen, die Kranken und die Ausgesetzten fanden an diesem Ort Zuflucht und vielleicht auch Hoffnung. So mancher mag sich besser gefühlt haben, wenn er von St. Gertruden fortging. Gleichnisse tun sich auf.

Als Marga hier wohnt, Barlachs Erbe hütet, bewahrt und vom Leben und den Arbeiten des Meisters erzählt, werden immer mehr Menschen in die Kapelle pilgern. Und Marga wird an diesem Ort, wo vor langer Zeit von Elend und Kummer gezeichnete Menschen einkehrten, selbst viel Leid erfahren.

Aber das ahnt sie 1950 noch nicht. Sie wartet zu dieser Zeit nur darauf, daß sie endlich in die Gertudenkapelle einziehen kann. Seit einem Jahr ist bereits alles mit dem Rat der Stadt Güstrow vertraglich geregelt. Aber es werden noch viele Monate vergehen, bis es endlich so weit ist.

Die Briefe aus dieser Zeit, wo endlich aus dem Traum Wirklichkeit wird und Marga in der Kapelle leben und arbeiten kann, versucht Annalise Wagner, die Heimatforscherin und Autorin und Freundin Margas aus Neustrelitz, später zu veröffentlichen.

In jeder Zeile ihrer Anmerkungen zu den Briefen, ihrer Berichte über Marga Böhmer spürt man ihre Hochachtung und Liebe gegenüber dieser Frau.

Annalise Wagner, die 15 Jahre jünger als Marga ist, verhält sich wie eine besorgte Mutter. Sie ist tief verletzt, wenn sie das Gefühl hat, daß andere Marga ungerecht behandeln. Wer Marga nicht mag, den weist auch sie von sich. Sie gibt der Freundin oft Ratschläge, wie man sie von Müttern kennt. Worte, die durch das Mitgefühl und die Zuneigung bestimmt sind und die zu Forderungen werden, wenn das Kind nicht hören will.

1978/79 stellt sie ein Manuskript unter dem Titel „Marga Böhmer – Lebensgefährtin Ernst Barlachs (Ihr Kampf um die Gedenkstätte Gertruden-Güstrow)" zusammen. Sie schickt es an den Geschäftsführer der Ernst Barlach Gesellschaft, Prof. Dr. Dr. Hans Harmsen. Der teilt ihr am 22. Juni 1979 mit, daß er „mit großem Gewinn" die Marga-Böhmer-Darstellung gelesen hat, die „wahrlich nicht in einem Archiv vergammeln sollte". Er will sich um eine Veröffentlichung bemühen, aber den Umfang einschränken, denn es sollen keine Personen gefährdet werden, und die Vorstellungen der Autorin über die weitere kulturelle Entwicklung der Stadt gehören für ihn nicht in diese Schrift, ebenso wie die oft sehr subjektiven Darstellungen. Ausführlich erläutert er seine Beweggründe für eine Kürzung, und dazu gehört auch der Satz: „Marga hatte natürlich manchen Anlaß, über Schult unglücklich zu sein. Sie wird – das ist verständlich – Schult aber nicht gerecht." [89]

Der Mann, der diese Zeilen schreibt, wird sich als Geschäftsführer der Barlach-Gesellschaft bei den schwierigen

Verhandlungen zwischen Ost und West stets als kluger Diplomat auszeichnen. Aber es wird ihm nicht gelingen, den Streit zwischen Marga Böhmer und Friedrich Schult zu schlichten. Es wird keinen Konsens zwischen zwei Menschen geben, die sich nie nah waren und deren Lebensart und Lebenserfahrung mit Barlach so unterschiedlich waren. Der Streit, wie man Barlach gerecht werden kann, wird nie aufhören. Veröffentlichen will die Barlach-Gesellschaft diese Unstimmigkeiten nicht.

Annalise Wagners Manuskript, das sie dem Andenken an ihre Freundin Marga widmet, wird erheblich gekürzt und 1979 von der Barlach-Gesellschaft als Jahresausgabe veröffentlicht. Friedrich Schults Sohn versieht seine Ausgabe mit unendlich vielen Randbemerkungen, denn seine Sicht auf viele Darstellungen ist oft eine völlig andere. Nicht nur beim Geschäftsführer der Barlach-Gesellschaft regt sich der Sohn von Friedrich Schult auf, sondern auch in einem Brief an den Schriftsteller Uwe Johnson, mit dem er seit Anfang der sechziger Jahre briefliche und persönliche Kontakte hat. Von beiden erhält er Antwort. Harmsen bitten ihn eindringlich, selbst seine Erinnerungen zu Papier zu bringen, und Uwe Johnson antwortet: „Legen Sie sich nicht mit Marga Böhmer an. Sie ist eine Witwe und gestorben. Sie könnte Ihnen nachts im Traum erscheinen."

Wie viel Verzweiflung, Enttäuschung und Angst es Anfang der 50er Jahre um die Erhaltung des Barlachschen Werkes in der Gertrudenkapelle gab, wird für mich erst durch das

Originalmanuskript von Annalise Wagner deutlich. Aber es sind auch detaillierte Berichte über ihr Leben in der Kapelle und über die Menschen, die damals kamen, um von der Frau an Barlachs Seite mehr über die Arbeit des großen Künstlers zu erfahren.

Wer nur für ein halbes Stündchen bleiben wollte, saß oft vier bis sechs Stunden bei Marga. Ihre Gastfreundschaft kannte keine Grenzen. Und Annalise Wagner, die immer in Sorge war, daß Marga das Maß ihrer menschlichen Kraft überschätzte, fragt: „Wieviel billige Neugierde oder Sensationslust mag da die hohe Treppe heraufstolziert sein, um noch von der Atmosphäre des Meisters und seiner Lebensgefährtin etwas zu erhaschen." [90] Ein „Nein" zu Gesprächen gab es bei Marga kaum.

Groß ist ihre Freude, als Barlachs Sohn aus der Gefangenschaft zurückkehrt. *„Möchte sich doch eine schützende Frauenhand für ihn finden"* [91], schreibt sie 1948 an Harmsen. Doch die Barlach-Gesellschaft hat ganz andere Wünsche, die Barlachs Sohn betreffen. „Zur Sicherung des Nachlasses in Güstrow vor möglicher Beschlagnahme wird Nikolaus Barlach die dauernde Umsiedlung nahegelegt." Doch dazu kommt es nicht. Und auch Marga macht sich darüber Gedanken. In einem Brief an ihren Schwager Karl Muggly, in dem sie sicherlich mit dem Kürzel B. die Behörden meint, rätselt sie: *„Klaus will ja nicht herkommen, scheint Angst vor den B. zu haben, die ihm natürlich nichts tun würden. Ich stehe noch unter B.schutz, also, warum hat*

Kl. Angst! Es ist gar nicht zu verstehen. Er will aus Ber-
lin nicht fort und studiert dort ... Auch Onkel Hans mag
nicht herkommen, aus gleichen Gründen. Da ist eben nichts
zu wollen. Wer weiss, wie noch alles kommt. Ich nehme
seit Jahren es so hin, wie es kommt, und weiss, daß es
Schlimmeres nicht geben kann, was wir dort hinter uns ge-
schafft haben 1945. Angst kennen wir Heidberger nicht
mehr ...“ [(92)]

Marga bedauert, daß Klaus und sein Onkel nicht kommen. Sie hat immer noch ihr Haus am Heidberg. Es zer-
fällt immer mehr. Marga fehlt das Geld für die Reparaturen. Wenn Klaus käme, könnte er es von ihr haben. Der
Junge ist doch so geschickt und hätte sofort eine Wohnung. Vielleicht hofft Marga auch, daß dann nicht mehr
Friedrich Schult den Nachlaß betreut. Aber ihr Wunsch
erfüllt sich nicht. Friedrich Schult wird weiter alles verwalten. In einem Brief vom 4. Februar 1946 an Barlachs
Vetter Karl berichtet er selbst, wie er zu dieser Aufgabe
kam. „Außerordentliche Umstände verlangen ebensolche
Maßnahmen. Ich habe solche Maßnahmen getroffen, als
es brannte. Ich habe mir daher das Recht genommen, den
Nachlaß zu bergen. Nicht ohne Lebensgefahr. Ich habe
mir auch das Recht genommen, ihn zu verwalten, nach
Böhmers Tode schien mir, wäre niemand berufener dazu.
Künstlerische und literarische Verbindungen, von den
Neigungen zu schweigen, sind mir zur Hand. Da ich im
übrigen zur Stadtverwaltung die nächsten Beziehungen habe –

ich habe die Stadt vom 2. auf den 3. Mai mit übergeben – und die Präsidenten der Landesverwaltung meine Freunde sind, stehen, wo ich für den Nachlaß Hilfe brauche, alle Türen für mich offen. Ich habe keinen Augenblick daran gezweifelt, daß das Gremium solche Lösung künftig sanktionieren würde." [93]

Friedrich Schult wird bis zu seinem Tod im Jahre 1978 Barlachs Nachlaß verwalten.

Aber zurück zu Marga und dem Jahr 1948.

Vom Geschäftsführer der Barlach-Gesellschaft erfährt sie, daß der ursprüngliche Plan, Barlachs Grab in Ratzeburg zu verlegen und ein Mausoleum zu errichten, aufgegeben wird. Die Grablage soll durch die Aufstellung des „Singenden Klosterschülers" eine würdige Gestaltung finden. Wie das alles finanziert werden soll, ist noch unklar. Wissen läßt Herr Harmsen Marga aber auch, daß ihr Bericht über ihren letzten Aufenthalt in Ratzeburg ihm unvergeßlich bleiben wird. Mehr noch als über dieses Lob, dessen auslösende Einzelheiten uns verborgen bleiben, wird Marga sich wohl darüber gefreut haben, daß mit der Herstellung des Hamburger Ehrenmals in seiner ursprünglichen Form schon bald zu rechnen ist.

Kurz zuvor hatte es viel Aufregung um dieses Denkmal gegeben und endlich einmal Einigkeit zwischen Friedrich Schult und Marga. Mit Entsetzen hören die beiden und auch Pastor Johannes Schwartzkopff, daß das Gremium sich gegen

die Wiederherstellung des Hamburger Ehrenmals aus-
gesprochen hat. Und was der Bildhauer Hugo Körtzinger
über Barlachs innere Schwierigkeiten bei der Aufstellung
seiner Mahnmale in Kirchen schreibt, wird Marga nicht
nur empören, sondern auch anzweifeln. Was da behauptet
wird, hat sie niemals von Barlach gehört. Körtzinger bleibt
bei seiner Meinung und wiederholt, er hätte „seinerzeit
mit Ernst Barlach über die dem Ehrenmal innewohnende
Zwiespältigkeit als tiefste Ursache einer weitgehenden
Umstrittenheit gesprochen ...“ Hugo Körtzinger fragt, „ob
dieses Gespräch überhaupt angezweifelt werden soll oder
ob nur gesagt wird, Ernst Barlach habe etwa keineswegs
zugegeben, daß er das Schicksal des Hamburger Ehrenmals
verstehe“. Und weiter schreibt Körtzinger: „Vom Standpunkt
der vorhin angedeuteten Brüderlichkeit ist dazu nur zu
sagen, daß kein Künstler von der Größe Ernst Barlachs, der
sich beständig in den äußersten Wagnissen des Schöpfertums
befindet, mit einer noch so nahestehenden Frau zu erörtern
pflegt, was ihrer Natur ebenso unzuträglich sein muß, wie es
dem Mitgefühl oder dem nur ästhetischen Kunstverständnis
ist.“ [94]

Welch eine Behauptung!

Doch Körtzinger stellt nicht nur Margas Verständnis für
Barlachs Arbeit in Frage, sondern rechtfertigt sich auch
als Wortführer des Beschlusses gegen die Wiederherstellung des Denkmals mit dem Satz: „Die geringfügige Wirklichkeit, die es dann haben wird, wird dennoch Ernst

Barlach einen tiefen Schaden tun …" [95] Es ist nicht anzunehmen, daß Marga diese Zeilen erspart blieben, obwohl Körtzinger diesen Brief am 17. Juni 1948 an Friedrich Schult richtete. Einen Monat später wird die Barlach-Gesellschaft jedoch festlegen, daß Barlachs Denkmale wieder an die Plätze zu stellen sind, für die sie geschaffen wurden. Der Senat der Stadt Hamburg wird ein Schreiben von der Gesellschaft bekommen, in dem um eine beschleunigte Wiederherstellung des Hamburger Ehrenmals gebeten wird. Und am 2. Mai 1949 wird sich in der „Hamburger Allgemeinen Zeitung" ein empörter Leser zu Wort melden.

„Leider hat man sich anscheinend aus politischen Gründen, ohne sich um die Auffassung der Öffentlichkeit zu kümmern, entschlossen, das Barlach-Relief wieder anbringen zu lassen, statt den Betrag von 25 000 DM zum Ausbau einiger Dachgeschoßwohnungen zu verwenden. Wahrscheinlich wollte man der Bevölkerung wieder einmal moderne Kunst nahebringen. Niemand wird behaupten können, daß die noch in unserer Erinnerung stehende Gestalt eine deutsche Frau und Mutter darstellt, sondern man hat bei aller Toleranz andersartiger Kunstauffassungen doch den Eindruck, hier eine Untergrundgestalt entarteter Kunst vor sich zu haben."

Ob Marga diese Leserzuschrift kennt, weiß ich nicht. Sie wird die Nachricht von der Wiederaufstellung des Hamburger Mals, das 1939 entfernt und zerstört wurde, sehr glücklich gemacht haben.

Auch vom Rat der Stadt Güstrow gibt es 1949 gute Nachrichten.

In einem Schreiben vom 15. Dezember, das an den Kreis-Kontrollbeauftragten von Güstrow gerichtet ist und die Realisierung der Kulturverordnung vom 31. März 1949 betrifft, ist zu lesen: „Auf dem Gertruden-Friedhof soll die darin stehende Kapelle für ein Barlach-Museum hergerichtet werden. Mit den Arbeiten ist begonnen, ca. Ende Februar 1950 ist mit dem Abschluß der Arbeiten zu rechnen. In dieser Kapelle soll die letzte Lebensgefährtin Ernst Barlachs, die Bildhauerin Marga Böhmer, eine Wohn- und Arbeitsstätte finden. Die Stadt Güstrow will ihr dort eine freie Wohnung schaffen. Ferner erhält Frau Böhmer seit dem 1. Oktober 1949 eine Ehrengabe von monatlich 200,– DM. Frau Böhmer wird alle in ihrem Besitz befindlichen Werke Barlachs für die Ausstellung in dem Museum zur Verfügung stellen." [96]

Bewilligt wird in dieser Zeit auch die Höhereinstufung in die Lebensmittelkartengruppe II für Marga. Mehrmals wird in der Stadtverordnetenversammlung über den Vertrag zwischen Marga Böhmer und dem Rat der Stadt verhandelt. Die monatliche Vergütung wird in der letzten Fassung auf 250 DM festgesetzt. Marga wird gleichzeitig verpflichtet, ihren Steuerzahlungen für das Grundstück auf dem Heidberg nachzukommen. Ein Herr B. von der Stadthauptkasse soll mit Marga verhandeln, ob er nicht eine Abtretungserklärung zur Einziehung der Mieten aus dem Grundstück am Heidberg erhalten könnte, um dadurch Frau Böhmer von den geschäftlichen

Sorgen zu entlasten. Im Dezember 1949 wird festgelegt, daß Marga auf Lebenszeit in der Gertrudenkapelle freie Miete hat sowie freien Verbrauch von Strom, Gas, Wasser und Heizmaterial. Ihr Barlachbild von Leo von König wird ab nun Eigentum der Stadt Güstrow sein. Auf den Museumswart, der im Vertrag zugesichert wird, muß sie lange warten. Die Barentschädigung, die monatlich auf ihr Bankkonto überwiesen werden soll, wird oft vergessen, und nach drei Jahren sieht es plötzlich so aus, als wäre der ganze Vertrag hinfällig, aber dazu später.

Jetzt ist die Hoffnung noch groß, daß die zugesicherte schnelle Fertigstellung der Gertrudenkapelle eingehalten wird. Aber die Arbeiten gehen nur schleppend voran. Keine Handwerker und kein Material heißt es immer wieder. Der Ausbau von Margas Wohnung verzögert sich von Monat zu Monat. Und Marga ist so ungeduldig. Sie hat schon so viele Vorbereitungen getroffen. Sechseinhalb Stunden ist sie bei Wind und Regen auf einem LKW nach Berlin gefahren. Neben ihr Barlachs großer „Lübecker Bettler" in einer Kiste verstaut. Sie hat ihn zum Formen gebracht und hatte auch Arbeiten von sich dabei. Nun hofft sie, daß sie mit ihren Tierstudien und dem Barlachkopf Glück beim Verkauf hat, denn den Umzug will Marga ganz allein meistern.

„Man hat ja gelernt sich einzurichten und den einfachen Stil will ich ohnehin beibehalten, da er mir wesensmäßig liegt. Außerdem habe ich es nicht mehr mit den Dingen und halte es mit dem alten chinesischen Wahlspruch: nähre dich

*vom Feld der Wunschlosigkeit und stehe im Garten der Be-
dürfnislosigkeit, denn Wunschlosigkeit ist leicht zu ernähren,
und Bedürfnislosigkeit braucht keinen Aufwand."* [97]

Froh meldet Marga am 25. Januar 1951, daß nun endlich
die Maler in der Kapelle bei der Arbeit sind. Noch eine Woche, dann kann sie in Gertruden einziehen. Ihrem Schwager,
Karl Muggly, teilt sie voller Freude mit, daß ihr die Stadt
sogar einen Beschützer besorgt hat. *„Ein schon erprobtes, ganz
treues Tier"* [98], schreibt Marga und läßt ihn auch wissen, daß
der hellhaarige Rolf mit den dunklen Augen von ihren Flücht-
lingen aus dem Heidberg kommt.

Wer damit gemeint ist, erfahre ich 1995 durch einen Zufall.
Eigentlich suche ich im Seniorenheim in Schwaan Menschen,
die mir etwas zum Aufenthalt des Ehepaares Böhmer Anfang
der zwanziger Jahre in dieser Stadt sagen können. Von meiner
Suche erfährt auch der Bürgermeister. Er ruft mich an, bedauert, daß ich niemanden finde, und nennt mir eine Zeitzeugin,
von der er glaubt, daß sie Wichtiges zu sagen hat. Walli
Pleger, von der die Rede ist, wohnt gegenüber von mir.

So erfahre ich, daß 1946 Flüchtlinge aus dem Sudeten-
gau am Heidberg einquartiert wurden. Die Frau und ihre
Eltern werden in Margas Nachbarhaus, bei Hedwig Wolter,
einer Freundin von Frau Böhmer, wohnen. In Margas Haus
selbst werden das Ehepaar Jockel, Else Mollnow und andere
untergebracht. Mit einigen von ihnen wird Marga bis zu ihrem
Tod befreundet sein. „Wir waren immer für einander da",
erzählt mir die 86jährige Else Mollnow wenige Monate vor

ihrem Tod. Man hilft sich, spricht über seine Sorgen und Freuden und trifft sich zu Festtagen. Von Marga lernen sie an einem Silvesterabend das Bleigießen. Vom Ehepaar Jockel kommt der Wachhund für die Gertrudenkapelle.

Marga wird sich den Menschen am Heidberg immer erkenntlich zeigen. Sie besorgt Nägel, die Herr Jockel so dringend braucht, um Ställe für die Tiere zu bauen. Marga kennt einen Mann, der genügend von der kostbaren Ware hat. Sie bezahlt ihn mit ihrer „Madonna mit Kind". Die kleine Plastik wird in der Familie des Nagellieferanten noch heute wie ein Schatz gehütet.

Marga wird oft zum Heidberg kommen, um ihre Freundin im Nachbarhaus zu besuchen oder die Familie Jockel in ihrem ehemaligen Haus. Ein Sohn dieser Familie erinnert sich im September 1995 an die Begegnungen mit Marga. Sie war für ihn und seine Geschwister der Nikolaus und der Weihnachtsmann. Mit schwer beladenen Taschen kam sie von der Gertrudenkapelle in den Heidberg. Andere zu beschenken war eine Freude für sie. Die Kinder der Familie Jockel nannten sie Böhmi. Nur der Kakao schmeckte nie bei ihr, weil sie aus Unkenntnis Wasser statt Milch für die Zubereitung nahm. Ostern bekamen die Kinder von ihr große bunt bemalte Pappeier, die voller Süßigkeiten waren. Später trifft man sich zum Osterfest nur noch auf der grünen Insel von Gertruden. Immer mehr Kinder kommen von Jahr zu Jahr aus den entlegensten Winkeln der Stadt, um dort Ostereier zu suchen. So manche Mutter hilft

Marga bei den Vorbereitungen, denn allein ist die Arbeit nicht mehr zu schaffen. „Es war ein Gejauchze und ein Gerenne und Geklatsche, und M. Böhmer stand fröhlich auf grünem Rasen und beobachtete ihre glücklichen Finder. Dazwischen schossen wie übermütige Kobolde ihre Hunde und Katzen" [99], schreibt Annalise Wagner von dieser Zeit. „Es war dort sehr schön", sagen noch heute Männer und Frauen, wenn sie sich an das Osterfest bei Frau Böhmer erinnern. Einmal wurde ein solches Fest mit einer Schmalfilmkamera festgehalten. Doch leider ist dieser Film nicht mehr auffindbar. Marga soll immer weggeschaut haben, wenn die Kamera auf sie gerichtet war.

Doch kehren wir zurück zu der Zeit, als Margas Wohnung in der Gertrudenkapelle endlich fertig ist. Mit der Chaise, wie Marga ihr altes Sofa nennt, und dem Barlachbild von Leo von König zieht sie 1951 dort ein. Alle anderen Sachen holt sie nach und nach. Ihr Haus am Heidberg wird Marga, wie ich 1995 von den jetzigen Besitzern erfahre, im August 1951 verkaufen.

In der Gertrudenkapelle stellen sich erste neugierige Besucher ein, und schon bald wird es für Marga unangenehme Überraschungen geben.

Kurz nach ihrem Einzug gab es einen Kabelbrand und drei Rohrbrüche. „... *das Wasser stürzte nur so durch die Decke.*" [100] Wegen der Handwerkernöte werden die Schäden nur langsam behoben. „*Dann war die Bettnische zu klein für die Chaiselongue, es dauerte endlos bis wir durch Absägen der Beine das Ding endlich in die Nische gezwängt bekamen. Auch hapert es noch mit der Beleuchtung. Die erste Woche saß ich im Dunkeln – vielmehr bei Kerzenlicht, fühlte mich aber wohl in meinem Storchennest. Die Stille ist unbeschreiblich köstlich*" [101], erzählt Marga. Daß es damit bald vorbei sein wird und ihr großes Ziel noch einmal in Gefahr gerät, ahnt Marga noch nicht. Jetzt gibt es zwar auch Ärger, aber er ist gering gegenüber dem, was noch kommen wird.

Viele gute Vorschläge für die Barlach-Gedenkstätte hat Marga vom Geschaftsführer der Barlach-Gesellschaft gehört. Aber sie befürchtet, daß davon nach seinem Besuch bei Friedrich Schult nicht mehr viel übrig bleibt. „*... es tut sich auf ein großer Berg, und heraus kommt eine kleine Maus*" [102], meint Marga. Aber Gutes hat sie auch zu berichten. Der Engel soll zurückkehren. „*Es ist bald zu schön, um wahr zu sein*" [103], jubelt sie. Da an seinem ursprünglichen Platz in der Winterkirche des Domes nun ein Ofen steht, ist die Gertrudenkapelle als neuer Ort vorgesehen.

Obwohl das noch nicht geschehen ist, kommen immer mehr Leute in die Kapelle, und darunter sind viele Journalisten. Annalise Wagner sind viele dieser aktuellen Aufsätze zuwider, und sie bittet Marga inständig: „Nach zwölf Jahren sollten Sie nun doch zur Feder greifen und Authentisches aufzeichnen, skizzenhaft oder fragmentarisch, um den kämpfenden Menschen E. Barlach so zu ‚porträtieren', wie er wirklich war, um das Unhistorische oder Verzeichnete abstellen zu helfen." [104]

Marga wird nichts aufschreiben. Sie fühlt sich *„abends wie ausgepovert, dann die viele Post, Anfragen, Anfragen, ich kann die Nächte nicht noch zum Schreiben nehmen"*. [105]

Harmsen wird sie 1952 berichten, *„Ich kann jetzt so gut Barlach verstehen, der Abend für Abend bemüht war, die Eingänge gleich zu erledigen, damit der Stapel nicht allzu groß wurde und ihm die Last vom Herzen war. Bei ihm gingen ja ganz andere Berge von Post ein und der ‚Dienst am Menschen', wie er zu sagen pflegte, müßte nun mal sein, wurde aber oft zur Last, wenn Manuskripte darunter waren, die er lesen und begutachten sollte. Darüber wurde er manchmal ungnädig und legte die Zuschriften erst einmal in den Schrank, um sie bei Gelegenheit vielleicht mal anzuschauen. Zu umfangreiche Manuskripte schickte er gleich zurück, da ihm einfach die Zeit zur Durchsicht fehlte."* [106]

Der große Postberg in der Gertrudenkapelle wird Marga belasten. Obwohl sie die Nächte nicht zum Schreiben nehmen wollte, wird sie es doch tun müssen. Über ihren Ärger wird sie in vielen Briefen an die Freundin in Neustrelitz berichten.

„Haben Sie den blöden gehässigen Artikel von Hans Franck in der Berliner Zeitung gelesen (9. 11. 1951, Nr. 262)?" [107], fragt Marga Annalise Wagner. Bei meinen Recherchen finde ich keinen Artikel von Hans Franck in der genannten Zeitung.

Ist das Datum falsch angegeben oder die Zeitung? Ich kenne nur die gekürzten Abschriften der Briefe von Marga an

Annalise Wagner und umgekehrt. „Die Originalbriefe können Sie leider nicht einsehen", sagt mir 1996 eine Mitarbeiterin der Regionalbibliothek in Neubrandenburg, „da sie gegenwärtig archiviert werden." Aber zurück zu dem nicht auffindbaren Artikel. In den Aufzeichnungen von Annalise Wagner nennt Marga den Verfasser einen Verleumder und Gerüchtemacher. Noch vor kurzem gab der Schriftsteller sich als Barlachfreund aus. Voller Begeisterung sprach Hans Franck im Rundfunk über den großen Künstler. Eine Frau aus Güstrow erzählt mir, daß sie damals noch spät zur Gertrudenkapelle gegangen war, um Marga über die Rundfunksendung zu Barlachs 80. Geburtstag zu informieren. Von den Rosen, die Marga ihr als Dankeschön brachte, besitzt die Frau noch heute eine getrocknete Blüte.

Doch bleiben wir bei dem, was nicht nur Marga große seelische Schmerzen bereitet.

Barlach wird erneut angegriffen. „Barlachs Werk enthält nichts Zukunftsweisendes", heißt es in einem mit Gi unterzeichneten Artikel im „Neuen Deutschland" vom 4. Januar 1952. Der Verfasser, Wilhelm Girnus, nennt Barlach einen Künstler „auf verlorenem Posten", „rückwärtsgewandt" und seine Geschöpfe „eine graue, passive, verzweifelte, in tierischer Dumpfheit dahin vegetierende Masse, in denen auch nicht der Funke eines starken, lebendigen Gefühls des Widerstands zu spüren ist". Und so schlußfolgert der Verfasser, kann Barlach „nicht als Lehrmeister gelten". Diese Worte sind eine deutliche Mahnung an alle Künstler in der DDR.

Sie sollen sich Barlach nicht zum Vorbild nehmen, denn er
erscheint den Politikern nicht brauchbar für ihre Zukunfts-
visionen. Barlach ist in ihren Augen ein Formalist, und denen
hat man vor einem Jahr den Kampf angesagt.

In einer Entschließung des Zentralkomitees der SED vom
März 1951 wird das Festhalten am Formalismus als Haupt-
ursache für das Zurückbleiben in der Kunst hinter den Forderungen der Epoche genannt. „Die Formalisten leugnen,
daß die entscheidende Bedeutung im Inhalt, in der Idee, im
Gedanken des Werkes liegt. Nach ihrer Auffassung besteht
die Bedeutung eines Kunstwerkes nicht in seinem Inhalt,
sondern in seiner Form", heißt es in dem Schreiben der
Partei. Das Zentralkomitee warnt, daß der Formalismus „zur
Entwurzelung der nationalen Kultur, zur Zerstörung des
Nationalbewußtseins" führt, „den Kosmopolitismus fördert
und die Kriegspolitik des amerikanischen Imperialismus".
Den Formalisten, zu denen man auch Barlach zählt, wird ein
schonungsloser Kampf angesagt.

Nach der großen Resonanz auf die Barlach-Gesamtaus-
stellung der Akademie der Künste der DDR in Berlin soll
verhindert werden, daß sich die Menschen an Barlachs Kunst
orientieren.

Ein Professor K. Magritz fragt im Dezember 1951 in einem
langen Artikel der „Täglichen Rundschau", ob Barlachs Werke zu den fortschrittlichen Traditionen der deutschen Kunst
gehören oder nicht. Diese Klarstellung vermißt er auch in
dem Katalog, den die Akademie der Künste zur Ausstellung

herausgegeben hat. Für Magritz ist Barlachs Kunst vom Inhalt her mystisch und der Form nach antirealistisch. „Sie ist stark beherrscht von antidemokratischen Tendenzen und ein Beispiel für die Krise des Häßlichen in der Kunst."

Brecht wird sich mit seinen „Notizen zur Barlach-Ausstellung", welche 1952 in der Zeitschrift „Sinn und Form" veröffentlicht werden, schützend vor Barlach stellen.

Daß Marga über diese Ereignisse informiert ist, zeigt ein Brief, den sie an Harmsen richtet. Sie berichtet ihm von den vielen Besuchern in der Kapelle und schreibt voller Sorge: „*Dennoch will das Gerücht, das Wider B(arlach) u(nd) sein Werk, nicht verstummen; es sei durchaus nicht durch d(en) neuen Kurs, oder Brechts teilw(eiser) Richtigstell(un)g aufgehoben, man duldete nach wie vor B(arlach)s Kunst nicht, müßte sie bekämpfen. Ich pers(önlich) kann mir das nicht denken, aber irgendwelche ,<u>Wühlmäuse</u>' sind w(ie) immer am Werk. Auch kam Schult kürzlich hier an u(nd) sagte, daß <u>sämtl(iche) B(arlach) Bücher aus den öffentl(ichen) Bibliotheken</u> entfernt werden müßten! Ich ging der Sache gl(eich) nach u(nd) auch das erwies sich wieder als ,Parole'. Von solcher Verfügung, die dann doch für die gesamte D.D.R. Geltung haben müßte, war weder hier noch i(n) Rostock u(nd) Berlin etwas(?) bekannt. <u>Bekäme man diese elenden Wühlmäuse nur mal zu fassen!</u>*" [(108)]

Über die Angriffe gegen Barlach wird Marga auch Annalise Wagner in ihren Briefen berichten. Marga schreibt, daß sie ausführlich darüber sprechen müssen. Von einem Mann aus

Bad Doberan erfährt Marga, was dieser wiederum von einem anderen gehört hat, „daß sich nicht nur Arnold Zweig wegen seines Einsatzes für Barlach das Genick gebrochen hätte, sondern auch der Lyriker Peter Huchel, Chefredakteur der Literaturzeitschrift ,Sinn und Form', mußte seine Stellung quittieren, weil er sich erlaubt hatte, etwas von Brecht zugunsten Barlachs abzudrucken." [109]

Was mag Marga diesem Mann geantwortet haben?

Zu all diesen Problemen in den 50er Jahren kommt immer wieder Streit mit Friedrich Schult hinzu. Er wollte das Barockdenkmal für den Geheimen Rat Günther von Passow vor den Platz des Engels stellen. „*Wie konnte er Barlach das antun – er wußte doch von seiner Meinung um dieses scheußliche Denkmal*" [110], schreibt Marga. Sie möchte das romanische Taufbecken beim Engel sehen und ist ganz und gar nicht damit einverstanden, daß der Engel, so wie es Friedrich Schult will, wenn im Dom kein Platz für ihn ist, in die Pfarrkirche kommt. Immer wieder plädiert Marga für den Dom. Der Engel muß an seinen ursprünglichen Platz zurückkehren.

Wegen der Meinungsverschiedenheiten mit Friedrich Schult geht Marga kaum in das Atelierhaus am Heidberg. Was die beiden auszufechten haben, wirkt oft wie ein Tauziehen um den besten Platz für Barlachs Arbeiten.

„*Der Heidberg hat doch den Löwenanteil*", schreibt Marga an ihre Schwester Phia, „*und könnte Gertrauden gut und gerne die paar Stücke gönnen, die in dieser einzigartigen*

Marga Böhmer, Aufnahme aus den 60er Jahren

Stätte obendrein viel schöner wirken und gerade die sakral gerichteten Dinge viel stilvoller hier als i. Heidberg stehen". [(111)] Überhaupt findet Marga Barlachs Plastiken dort falsch plaziert. Schult verbietet ihr Änderungen vorzunehmen, und Marga kann sich gar nicht beruhigen. *„Dabei habe ich vierzehn Jahre mit dem Meister dort gehaust, gearbeitet, weiß, wie seine Dinge stehen müssen, weiß, wie sie noch standen zu seinen Lebzeiten."* [(112)]

Der Sohn von Friedrich Schult wird mir zu Margas Vorwurf, daß die Plastiken am Heidberg wie die Rekruten stehen,

Friedrich Schult, Aufnahme aus den 60er Jahren

sagen, daß er selbst in aller Eile Podeste für Plastiken gebaut hat. Ganz schnell mußte eine Ausstellung herbeigezaubert werden, um das Atelierhaus zu retten, denn es gab Überlegungen von Seiten der Stadt, die unter Raumnot leidende Landwirtschaftsschule unter Leitung von Dr. Hamel in diesem Haus unterzubringen.

Traurig sitzt Marga nach einem Streit mit Schult in der Gertrudenkapelle. Sie raucht ihr Pfeifchen, trinkt Tee oder Rotwein und versucht durch Lesen ihre Ruhe zu finden. Marga wird viel lesen in dieser Zeit.

Allein läßt sie die Kapelle nachts nie. Sie fühlt sich für all die Kunstwerke verantwortlich. Viele Einladungen muß Marga ausschlagen. *„… wie sollte das wohl angehen?“*, schreibt sie am 15. März 1952 an Harmsen. *„Niemand mag hier nachts bleiben u. so man sich auch hier oben recht gemütlich fühlt, so fürchten viele doch die gräberdurchfurchte, stille Umgebung von Gertrauden. Ist so etwas von erwachsenen Menschen zu verstehen?! Als ob das Völkchen, was dort unten liegt, nicht das friedlichste der Welt wäre! Auch hier i. d. Kapelle ist alles ruhig, es spökt wirklich nicht, was die Güstrower wohl zu gerne hören würden, aus reiner Sensationslust schon. Nein, den Gefallen tun sie ihnen nun mal nicht u. ich würde alles abschwören …“* [113]

1995 wird mir von Güstrowern versichert, daß ihnen noch heute der Gertrudenfriedhof in der Nacht unheimlich vorkommt. Gruselige Geschichten von ihm soll Marga selbst erzählt haben. Was sich in ihrer Wohnung abspielte, wenn sie sich mit ihren Freundinnen traf, wird noch heute in Güstrow gerätselt, oder es werden Geschichten darüber erzählt, die ins Reich der Legenden gehören.

Doch lassen wir lieber Marga selbst berichten, wie ihr Leben Anfang der 50er Jahre aussieht. An Harmsen schreibt sie von ihren Dauererkältungen, die sie auf das kalte Wohnen in der Gertrudenkapelle zurückführt. Sie klagt nicht, sondern teilt es einfach nur mit. Und sie schimpft wieder einmal über Friedrich Schult. Der hat 28 Zentner Kohlen für die Räume am Heidberg erhalten. Unten kann er gar nicht heizen, und

Karte Marga Böhmers an ihre Schwester Phia
vom Januar 1955

oben wird er es schön warm haben. *„Es ist eben überall zweier-lei Maß"* [114], stellt Marga fest. Mit Genugtuung registriert sie, daß zu ihm jedoch viel weniger Menschen kommen als in die Gertrudenkapelle.

Bedanken wird sich Marga am 29. Dezember 1951 bei Herrn Harmsen und seiner Frau für das Weihnachtspaket, und sie bittet gleichzeitig: *„... es muss nun wirklich das letzte gewesen sein – wir leiden nun keine Not mehr, kommen gut zurecht, auch so dies oder das mal fehlen sollte."* [115] Und in diesem Zusammenhang berichtet Marga vom Besuch einer Hamburgerin, die erstaunt war über den Reichtum in den

Güstrower Geschäften. Übertreibt Marga oder erscheint ihr das Angebot nach den langen Hungerjahren wirklich so üppig? Deutlich wird durch die Zeilen aus diesen Jahren auch, daß sie, die so gern schenkt, Probleme hat, von anderen Geschenke anzunehmen. Behutsam versucht sie sich vor weiteren Gaben zu schützen. „...*wir stehen doch wesentlich besser schon da*", schreibt Marga, „*... schon zu lg. Jahre hindurch haben uns die Lieben aus dem Westen geholfen.*" [116] Aufhören wird es mit den Paketen an Marga nicht, und so wird sie weiter auch in Briefen an ihre Schwester bitten: „*Ihr solltet es nun genug sein lassen, wo es hier nun alles besser wird, wir Butter i. genügenden Mengen u. schon für 10 MK pro Pfund kaufen können. Nur der Zucker bleibt nach wie vor aus, der ist drüben genauso knapp, wie ich hörte.*" [117]

Für die Einmachzeit empfindet Marga das als fatal, nicht für sich, aber doch für andere Frauen. „*Ich gebe mich, Gott s. D., nicht mit diesem Geschäft ab*", schreibt sie 1953 an Phia. „*sam̄le seit Jahren auch nichts i. die Scheunen u. lebe dennoch ohne Neidgefühle ...*" [118] Sie beschäftigen ganz andere Dinge. „*Heute scheint ohne Kampf überhaupt nichts mehr gehen zu wollen. Tier u. Menschen sind querulant*", meint Marga. Sie wundert sich über die Bienen, die so plötzlich und heftig über die Menschen herfallen und sucht nach Ursachen. „*Vielleicht sind es die elektromagnetischen Spannungen in der Luft, unter der sensible Menschen auch oft leiden.*" [119]

Obwohl noch Sommer ist, wird sich Marga schon jetzt vor den kühleren Tagen fürchten. Sie wird wieder einen kalten

S. 17. 7. 53

L. Schwesterlein

Brief Marga Böhmers an ihre Schwester Phia
vom 17. Juli 1953

Marga Böhmer vor der Gertrudenkapelle

Winter in der Gertrudenkapelle erleben und die Wettergeister anflehen, daß es nun genug ist mit dem Schnee und mit der Kälte. In der Küche ist der Saft in den Flaschen gefroren. Die Eier sind zersprungen, und alle Topfblumen sind erfroren. Das Heizen ist noch immer ein Problem für sie und wird es auch bleiben. Die Feuerung wird immer schnell verbraucht sein, weil Marga es auch mit dem Ofen zu gut meint, und oft vergißt sie die Ofentür zu schließen. An frostigen Tagen hat sie oft nur Brot zum Essen. Ihr Hund und ihre Katzen verlangen in den strengen Wintern die doppelte Ration. „Frau Böhmer kam regelmäßig, um Futter für ihre Tiere zu holen", erzählt mir Ursula Peters aus Güstrow, die Marga damals bediente, „sie war immer durchgefroren und wirkte noch viel kleiner als sie in Wirklichkeit war." Auch Vogelfutter kauft Marga in dem kleinen Geschäft. Niemals vergißt sie, die Vögel zu füttern. Der Freundin Annalise Wagner schreibt Marga: *„Die Schneedecke unten zeigt Hunderte von Vogelspuren. Die schwarzen Krähen sitzen in den Rauhreifbäumen, das Ganze ein Gedicht, zumal wenn Sonnenstrahlen alles zauberhaft beglitzern. Man kann sich nicht satt genug dran sehen. Was müssen die kleinen Tiere doch im Winter leiden!"* (120)

Immer wieder berichtet sie, wie schwer es die Tiere in den kalten Tagen haben. Marga selbst klagt kaum. Sie zehrt von der Hoffnung auf das wärmende Frühjahr, wo die Insel der Toten von einem frischen Blumenmeer bedeckt ist. Bald wird die Sonne wieder länger scheinen. Ihre Strahlen werden auf den uralten Kreuzen tanzen und Marga Wärme bringen. Vermissen wird sie ihren und Barlachs Liebling vom Heidberg. *„... das einsam lebende Rotkehlchen, unsern Zierstolz, wie Barlach ihn taufte. Dem wird es hier zu laut sein, da der Park noch immer der Tummelplatz für die Kinder ist und Bälle und*

Steine durch die Luft fliegen. Das alles mag das stille Rotkehl-
chen nicht. " [121]

Am 15. März 1952 schreibt Marga: „... *der Winter ist gott-*
lob vorbei ... Heute lachte die Sonne schon so frühlingsmäßig
durchs Fenster, ihre Lichtstrahlen fielen auf die rote Stein-
umrahmung der Fenster, dass diese glutvoll aufleuchteten –
war schon eine rechte Augenfreude den blauen Himmel dage-
gen zu sehen. " [122]

Im späten Frühjahr gibt es eine große Freude für sie. Am
4. Juni 1952 ist endlich der Engel zurückgekehrt. Es ist jedoch nicht mehr die Bronzefigur, die den Dom erstmals am
Himmelfahrtstag 1927 schmückte und die zehn Jahre später,
weil die Nazis sie für entartet hielten, abgenommen wurde.
Dieser Engel ist für immer verloren, denn er wurde 1941 zu
„wehrwirtschaftlichen Zwecken" eingeschmolzen. Freunde
von Barlach ließen zuvor heimlich einen Zweitguß anfertigen.
Sicher ist, daß Bernhard Böhmer und Hugo Körtzinger an
dieser nicht ungefährlichen Aktion beteiligt waren. Marga
wird nicht erwähnt. Körtzinger versteckt den Zweitguß in
seinem Haus in Schnega. Welch ein Glück, denn die heimlich
hergestellte Gußform wird während eines der Bombenangriffe
auf Berlin zerstört. Am 26. Januar 1952 erhält die Kölner
Antoniterkirche den Zweitguß. Erst ein danach abgenomme-
ner Drittguß gelangt Monate später nach Güstrow. Margas
große Freude ist schon bald getrübt. Der Neuguß ist zu dunkel. Barlach wählte für seinen Engel hellgoldige matte Töne.
Marga macht sich Gedanken, wie die viel zu dunkel gera-

tene Patina aufgehellt werden kann. Sie hofft so sehr, daß Pastor Johannes Schwartzkopff bald wieder gesund ist und kommen kann, *„denn keiner spricht so schön über den Engel wie er"*. [123] Ihr Wunsch wird sich erst ein Dreivierteljahr später am 8. März 1953 erfüllen. Vorher wird es noch viel Aufregung um den richtigen Platz für den Engel geben. Daß er Mitte November 1952 immer noch bäuchlings im Dom liegt, teilt Marga enttäuscht dem Geschäftsführer der Barlach-Gesellschaft mit. Zwar ist die Kostenfrage jetzt geklärt, aber nun wartet man auf die Ketten und den oberen Kranz vom Schmied Silver. Marga hat bereits mehrmals mit ihm geredet. *„Alle sind heute so mit Arbeit überlastet, dass immer nur versprochen, aber nichts gehalten wird, da immer noch eiligere Arbeit dazwischen käme"* [124], klagt sie. Und noch immer steht nicht fest, wo der Engel hängen soll.

Auf einer Kulturbundsitzung erfährt Marga, daß das Barlach-Gremium einen würdigen Platz verlangt. Der dafür gefundene Ort im Dom erscheint ihr jedoch zu dunkel, und mit künstlichem Licht sollte ihrer Meinung nach nicht gearbeitet werden. Eine ganz andere Idee hatte der mit der Gertrudenkapelle betraute Architekt Joachim Kasch. Er war der Meinung, daß in der Kapelle der schönste Platz für den Engel wäre. Begeistert von diesem Vorschlag waren auch Friedrich Schult und der Superintendent Sibrand Siegert. Nur Marga kann sich damit nicht anfreunden. Sie muß immer wieder daran denken, daß Barlach den Engel für den Dom gemacht hat und wie er sich damals freute, *„in diesem ge-*

liebten Dom eine gute Arbeit zu haben." In ihrem Brief an Harmsen geht es ihr aber nicht um den Engel. Er soll auch wissen, daß die Fensterfrage für die Gertrudenkapelle nach wie vor nicht gelöst ist. *„Dabei steht der Winter bannig dicht vor der Türe.*" [125]

Freunde werden Marga Heizmaterial bringen. Gefordert hat sie das nie. Sie hat sogar Bedenken, die Ehrenpension von der Stadt anzunehmen, was ihr Annalise Wagner auszureden versucht. „Sie verpflichtet Dich zu nichts anderem, wozu Du Dich sowieso schon verpflichtet hast: das Erbe zu hüten und beschädigte Arbeiten zu restaurieren." [126] Die Antwort an die Freundin fällt ihr schwer. Die vor Kälte steifen Finger schmerzen beim Schreiben. Unten in der Kapelle sind noch immer keine Türen und Fenster eingesetzt.

„Draußen Rauhreif. Die Katten frieren erbärmlich auf dem kalten Kirchboden", berichtet Marga, *„ich muß sie jetzt mit warmer Milch versorgen und guten Fischhappen. Ihr Dasein ist trostlos, die kleinen Viehcher tun mir leid. Wenn es noch kälter wird, muß ich sie in andre gute Hände geben. Der Kapellenboden ist total weiß und unten in der Kapelle liegt ebenfalls Schnee. Der kleine Friedhof ist auch ganz verschneit, und die Hügel sind tief bedeckt. Diese Stille, jetzt wagt sich so leicht keiner mehr her, da das Gehen beschwerlich. Ich freue mich unendlich der Stille, bin ja ein Einsamkeitsfanatiker von je her gewesen.*" [127]

Es ist ein kalter Dezember im Jahre 1952, in dem Marga diese Zeilen schreibt. Aber sie berichtet der Freundin auch

froh, daß sie nach so langer Zeit wieder einmal ihr Horn ge-
blasen hat. Früher hat sie es für Barlach getan. Sie stand
oben an der Höhe der Rodelbahn am Heidberg und spielte:
„Zu stiller Nacht, zur ersten Wacht". Ein Lied, das er so gern
hörte, und sie spielte ihm auch ihr Lieblingslied „Es ist ein
Ros' entsprungen". Wenn die Freundin Annalise kommt, wird
sie ihr das „Ännchen von Tharau" vorspielen. Zu Festtagen
wird Marga oft in die Halle der Gertrudenkapelle gehen und
ihr Englischhorn blasen. Bei jedem Lied wird sie sich an ihr
Leben mit Barlach erinnern.

„Hörnchen" hatte er sie einmal genannt, und als Marga bei
diesem Kosewort protestierte, schrieb er ihr: „Übrigens werde
ich wahrhaft zornig! werden, wenn Du denkst, daß ich Dich
mit dem Hörnchen veräppeln will. Wie bekannt ist Musik am
obersten Platz der Schönheit und ich habe einen so überzeu-
genden Begriff davon, daß mir alles musikalische ... Tun, so
eines wie Deines gewiß, was sich selbst aus sich selbst her-
ausholen will (Dich aus Dir), verehrenswert vorkommt, denn,
hör, wer sich durch Musik aussprechen kann, der ist musik-
trächtig und von innen musikalisch und den soll, muß man
lieben. So ist es doch!" [128]

Schon einige Jahre bevor er diese Zeilen schrieb, hat er ihr
eine ähnliche Liebeserklärung gemacht. 1928 entsteht nach
einem Holzschnitt von ihm das Exlibris „Blasender Pan" für
Marga Böhmer. Wie ein Regenbogen wölbt sich eine Noten-
zeile über dem Kopf des eigenwilligen Musikanten.

„Das kann man nicht spielen", sagen mir alle, denen ich

Ex libris „Blasender Pan"
von Ernst Barlach
für Marga Böhmer entworfen

1992 die Noten vorlege. 1996 erfahre ich von Dr. Horst Otto Müller, dem Leiter des Ernst Barlach Museums in Ratzeburg, welches Volkslied Barlach festgehalten hat. „Ja, das ist es", sagen nun auch meine Musikexperten, „wenn man das zweite ‚b' wegläßt." Endlich spielt der Pan nun hörbar: „Ach, wie ist's möglich dann, daß ich dich nicht lassen kann, hab dich von Herzen lieb, das glaube mir!". „Wir sind an Liebe reich", heißt es in diesem Lied und, daß diese Liebe niemals stirbt.

Die Erinnerungen an das Zusammensein mit Barlach tun Marga gut. Von ihrer Musik wird Marga nicht lassen. Und beim Spielen werden Bilder längst vergangener Tage zurückkehren.

Mit den Arbeiten in der Gertrudenkapelle scheint es nun voranzugehen. Im Januar 1953 kommen endlich die Fensterrahmen. Aber der Frost ist so stark, daß der Glaser nicht mehr arbeiten kann. *„Die Arbeiter sagen, daß es in der Kapelle kälter als draußen ist"*, schreibt Marga, *„Wind und Kälte im Gemäuer! 5 °C habe ich oben, bei starkem Heizen komme ich auf 9 °. Es ist sehr ungemütlich, so zu frieren, alle Besucher gehen nach einigen Minuten wieder weg."* [129] Annalise Wagner schickt Holz, bringt bei ihren Besuchen Feuerung im Rucksack mit, und sie schreibt einen Hilferuf an Martha Engel, die in Berlin in der Staatlichen Kommission für Kunstangelegenheiten arbeitet und Marga gut kennt. Am 5. Feburuar 1953 ist Antwort von Martha Engel da. Sie will den Brief von Annalise Wagner mehrmals abschreiben lassen und ihn an verschiedene Stellen geben. Auch der Ministerpräsident Otto Grotewohl soll informiert werden. „Wir achten alle Barlach", schreibt Martha Engel, „und seine Lebensgefährtin hat einen guten Lebensabend verdient. Die unteren Behörden hatten noch nie, so lange die Welt existiert, das richtige Verständnis für ihre örtlichen Kapazitäten." [130] Und während dieser Brief aus Berlin noch unterwegs war, schreibt Annalise Wagner an Marga, daß man ihr nicht einmal die primitivsten Lebensnotwendigkeiten stellt und es so nicht weitergehen kann. In mütterlichem Befehlston weist Annalise an: „Ich sende Dir heute einen neuen wollenen Pullover, den Du sofort anziehen mußt. Darüber ziehst Du die Schafwolljacke an." [131] Auch das Geld von ihr soll Marga unbedingt annehmen.

Endlich ist der strenge Winter vorbei. Marga kann die Eröffnung der Gedächtnisstätte kaum erwarten. Sie hat so viele Ideen. In der Kapelle könnte man Barlachs Dramen lesen, Kammermusik spielen. Sie sieht so viele Möglichkeiten, Barlachs Andenken zu pflegen. Im April soll es endlich soweit sein. *„Die Kapelle sieht gut aus, man mauert fleißig an den Sockeln und draußen geschieht auch viel"* [132], schreibt Marga am 22. März 1953. Wenige Tage später teilt sie Annalise Wagner mit: *„Ich habe auch noch allerlei zu flicken' am Wiedersehen (Thomas + Christus) usw. Vielleicht soll der Rächer auch noch unten stehen. Nun wir wollen erst einmal sehen, ob diese Arbeit unten überhaupt wirkt. An sich ist es ja ein wuchtiges* *und großartiges Stück. Die horizontalen Linien tun vielleicht sogar gut, wo unten alles in die Höhe strebt."* [133]

Marga ist froh, daß nun auch endlich das Dach der Kapelle überholt wird. 33 Jahre ist daran nichts gemacht worden. Im letzten Winter stand die Kapelle tagelang unter Wasser. Nun muß Marga keine Angst mehr um die wertvollen Hölzer haben. Hoffentlich wird nun auch bald der längst versprochene Wärter eingestellt werden. Seit drei Jahren hatte Marga keinen freien Sonntag mehr. Aber am wichtigsten ist ihr zur Zeit, daß es mit der Fertigstellung der Kapelle vorangeht. Doch die Einweihung im April, die Marga so sehnlichst erwartet hatte, wird es nicht geben. Und alles sieht so aus, als wäre sie gar nicht mehr möglich.

In ihrer Verzweiflung schickt Marga am 16. Juni 1953 ein Telegramm an den Ministerpräsidenten Otto Grotewohl, um gegen die angekündigte Schließung der noch gar nicht öffentlichen Barlach-Ausstellung in der Gertrudenkapelle zu protestieren.

Es soll also keine Barlach-Gedenkstätte mehr geben. Marga wird die Räumung ihrer Wohnung in der Kapelle innerhalb von 14 Tagen angekündigt. Die Stadt will den Vertrag brechen, der bereits 1949 geschlossen wurde. Die mühsam herbeigeschafften Werke von Barlach sollen aus der Kapelle verschwinden. Niemand erklärt Marga, warum man so handelt. Sind das Hausen in der Kälte, alles Warten und Hoffen und all die Arbeit sinnlos gewesen?

Annalise Wagner schreibt am gleichen Tag noch einmal an

Martha Engel in Berlin: „Nur in der höchsten Gefahr ergreife ich heute die Feder, um Sie erneut über die Güstrower Zustände zu informieren." Sie will wissen, warum Barlachs Werke nur noch am Heidberg zu sehen sein sollen. Wer hat das entschieden? Mutig schreibt sie, „... daß das Barlachwerk sich nicht in <u>eine</u> einzige Richtung des sozial. Realismus pressen läßt, sollte <u>nicht</u> den Anlauf bieten, das Werk abseits zu halten und es aus der pulsierenden kulturellen Umgebung, aus dem Mittelpunkt einer einmalig schönen norddeutschen Stadt wie Güstrow zu entfernen." [134]

Raum und Werk sind für Annalise Wagner in Gertruden schon jetzt zu einem Klang geworden, wie er nicht vollendeter sein kann. Sie versteht nicht, daß das alles wieder zerstört werden soll. Seit Jahren ist die Barlach-Gedenkstätte an diesem Ort geplant. Viel Geld ist in die Renovierung gesteckt worden. „Jetzt wird im Eilschritt <u>zurück</u>geblasen. Was soll das bedeuten, und woher kommt diese Maßnahme?" [135]

Und ganz oben soll man auch wissen, daß es eine Unmenge von Protestresolutionen gibt, und zwar von Menschen aus den unterschiedlichsten Schichten. Die Resolution von der Lehrerschaft in Güstrow fügt Annelise Wagner ihrem Schreiben bei. Das Vertrauen zu den Politikern der Stadt Güstrow ist bei ihr nicht sehr groß. Zwar hat der Bürgermeister Marga versichert, daß er sich für sie einsetzen will, aber kann man ihm glauben, da doch schon die monatlichen Geldüberweisungen an Frau Böhmer immer wieder vergessen werden?

„Hunderte Menschen aus Güstrow, Rostock, Greifswald und aus anderen Städten unterstützen mich", teilt Marga ihrer Schwester Phia mit. Aber dieser Kampf kostet sie soviel Kraft und Nerven, schlägt ihr auf den Magen. Sie kann kaum noch essen. Und: „Die Presse gießt ohnehin mit ihren Artikeln, die pro Gertrudenkapelle sind, Öl ins Feuer. Und Schult denkt wahrscheinlich noch, daß ich sie lanciert hätte" [136], schreibt Marga. Wenn es in Güstrow keine Barlach-Gedenkstätte geben soll, will sie die Stadt verlassen.

Am 27. 6. 1953 wird in der „Schweriner Volkszeitung" ein Artikel mit der Überschrift „Gedächtnisstätte nicht auflösen" stehen. Und am gleichen Tag wird in der „Ostsee-Zeitung" zu lesen sein, daß formalistische Kunst, wie Barlachs „Schlafendes Bauernpaar", für Rostocker Museumsbesucher eine Zumutung ist.

Marga wird in diesen Tagen zu Freunden und Bekannten gehen, um Unterschriften für die Einrichtung der Barlach-Gedenkstätte sammeln.

Annalise Wagner wird in einem Brief Pastor Johannes Schwartzkopff über das drohende Unheil informieren. Er rästelt über die Ursachen und vermutet, daß Barlachs sakrale Kunst unerwünscht ist.

Aber er antwortet wenigstens. Von Berlin kommt keine Nachricht.

Das Warten ist unerträglich.

Festveranstaltung in der Gertrudenkapelle
(links im Bild Marga Böhmer)

VII.

Nun doch

Die erlösende Nachricht kommt am 8. Juli 1953. So steht es in den Aufzeichnungen von Annalise Wagner. Ein Gremiumsmitglied aus Hamburg teilt mit, „daß Gertruden nun doch für den gedachten Zweck genutzt werden soll, ‚nur etwas volkstümlicher ausgestaltet' ". [137]

Monate später dann endlich die lang ersehnte Einweihung. In einem Jahrbuch der Ernst Barlach Gesellschaft finde ich dazu: „Als erste Barlach-Gedenkstätte wird am 31. Oktober 1953 die seit 1946 beschlossene und bereits 1950 angekündigte ständige Ausstellung in der Gertrudenkapelle der Öffentlichkeit übergeben."

Marga spricht vor großem Publikum. Es ist die einzige öffentliche Rede, die ich von ihr kenne. Wenige Worte, voller Liebe und Achtung zu dem Mann, mit dem sie viele Jahre zusammenlebte.

„Wie Barlach dieses stille Plätzchen liebte, ist den älteren Gästen wohl noch im Gedächtnis", sagt Marga. *„Wie oft weilte er auf dem kleinen umliegenden Friedhof, genoß seine traumhafte Atmosphäre, zeichnete immer wieder die alten, schönen Grabplatten und studierte ihre Inschriften ... Das kleine Kapellchen hätte er sich wohl gerne als Arbeitsplatz ersehen, aber er war zu bescheiden, darum zu bitten ... An dieser Stelle sagte mir Barlach einmal, und dabei glitten seine Augen so traumverloren über die kahlen weißen Wände, die er im Geiste wohl schon mit seinen Geschöpfen bevölkert sah: ,Ja, in diesem Raum ließe es sich wohl arbeiten, das wäre eine schöne Situation für einen Bildhauer von meiner Beschaffenheit – meinen Arbeiten fehlt eben doch der sakrale Raum'."* [138]

In ihrer kurzen Rede sagt Marga: *„Dank gebührt besonders auch den Freunden des Meisters und seiner Kunst, die sich in Zeiten der Not mutig und beharrliche für ihn eingesetzt haben."* [139] Eingeweihte wissen, wen sie damit meint und wie diese Menschen sich eingesetzt haben, damit ein Traum von Barlach doch noch in Erfüllung gehen konnte.

Mit der Herausgabe eines Führers für die Gedenkstätte hat Marga es nicht leicht. Einer Freundin teilt sie mit, sie habe „… *viel Abhaltungen und Laufereien in der Katalogangelegenheit. Der eine will dies, der andere das nicht und wieder erneut Aufnahmen unten vom Raum, von dem jedoch so wunderschöne existieren – die vielen Köche … Die erste Auflage hätten wir längst verkauft haben können. Dabei hat man mir die schönsten Bilder daraus gestrichen und schlechtere als Ersatz geboten. Dagegen gehe ich natürlich an. Auch dass man mir den schönen wichtigen Satz von E. B. strich: meinen Arbeiten fehlt doch der sakrale Raum. Das war doch eine wichtige Erkenntnis, die ihm unten in dem Kapellchen gekommen war. Geht man auf meine Bitte nicht ein, schicke ich das Geleitwort ganz zurück – mag ein anderer es schreiben.*" [140] Marga will zu keinem Kompromiß bereit sein. Vier Jahre muß Marga auf das Erscheinen des Katalogs warten. Der so wichtige Satz wird dann jedoch nicht fehlen.

Immer mehr Menschen kommen in die nun offiziell eröffnete Ernst-Barlach-Gedenkstätte. Bis weit in die Nacht sitzt Marga mit Besuchern in ihrer Kapellenwohnung. Und Annalise Wagner schimpft: „Es ist doch ein gegen E. Barlacharbeiten, wenn er wüßte, daß Du Tag und Nacht opferst und ausgezehrt bist." [141]

Doch noch verspürt Marga keine Müdigkeit, noch ist sie gesund. Nur die kalten Winter hat sie hier fürchten gelernt. In jedem neuen Jahr sehnt sie die warmen Frühlingstage herbei. „... *dann werde ich auch wieder mit allem zurechtkommen*" [(142)], versichert sie. Der Winter muß nur erst einmal gegangen sein. Immer, wenn der Frost kommt, friert die Wasserleitung ein, und die Toilette ist nicht mehr zu benutzen. Marga bedauert ihre Besucher. Das schönste Ostergeschenk ist 1954 für sie, daß endlich wieder Wasser da ist. Die Schlepperei hat ein Ende, und Nachbarn müssen nicht mehr gebettelt werden. Einen Wärter hat Marga noch immer nicht von der Stadt bekommen. Es ist keinerlei Geld für St. Gertruden da, wurde ihr mitgeteilt. Das Heimatmuseum hat die Bezahlung für die Maurer- und Klempnerarbeiten übernommen. Die Malerarbeiten, die Bepflanzungen für den Gertrudenfriedhof und die Bänke für die Besucher hat Marga aus ihrer Tasche bezahlt. Sie klagt nicht darüber. Schließlich bekommt sie seit dem 1. Juni 1954 monatlich 480 Mark. Es fällt ihr nicht schwer, diese zusätzlichen Kosten zu tragen.

Zwei Jahre ist die Gedenkstätte nun schon geöffnet. Der Ausstellungskatalog ist noch immer nicht gedruckt. *„Alles liegt im tiefen Dornröschenschlaf seit einem Jahr in Berlin*" [(143)], klagt Marga. Zu diesen Sorgen kommt noch ein Unfall dazu. Marga ist von der Treppe gestürzt und hört von allen Seiten Vorwürfe. Zwei Flaschen Mux versprühen, da muß man ja ohnmächtig werden von diesem Giftzeug, und in ihrem Alter sollte sie so etwas überhaupt lassen. Aber die Mücken und Fliegen waren ihr in der Kapelle unerträglich geworden.

Durch den Sturz hat sie sich mehrere Rippen gebrochen. Sie versucht im Sitzen zu schlafen. Wenn sie liegt, bekommt sie keine Luft zum Atmen. Aber einen Arzt will sie nicht sehen. Das wird auch bei Krankheiten, die nun immer öfter kommen, so bleiben. Marga will sie nicht von einem Arzt bestätigt bekommen, und sie will selbst bestimmen, wann sie wieder aufsteht. Es bleibt ihr auch keine Zeit, um lange zu liegen.

Im Dezember freut sie sich auf den Besuch von Peter Böhmer. Wenn andere zu ihr kommen, von ihrem Leben erzählen, kann Marga wenigstens in Gedanken verreisen. Von der Kapelle traut sie sich nie lange fort.

„Ich kann hier nicht weg, wer sollte mich vertreten, man hat doch zu viel Angst vor der Nacht und evtl. Störungen" [144], schreibt Marga. Und für längere Reisen reichen ihre Kräfte auch nicht mehr.

Wenn sie in Güstrow durch die Stadt geht, überfällt sie plötzlich ein Kräfteschwund. Dann flieht sie in den nächsten Hausflur. Still sitzt sie auf den Stufen, bis sie sich wieder erholt hat.

Marga braucht Erholung, aber sie findet keine Ruhe mehr. Aufgeregt schreibt sie an Annalise Wagner, daß ihr die Stadt den Hund nehmen will, der von der Familie Jockel vom Heidberg kam. Er soll als Wachhund zum Schlachthof. Marga kann das nicht verstehen. Soll sie nun all die wertvollen Arbeiten von Barlach ganz allein schützen? Aber dann kann sie den Bürgermeister doch überzeugen, daß das nicht geschehen darf. Im Dezember 1954 erhält sie sogar 20 Zentner Kohlen

Marga Böhmer mit einem Besucher
vor der Gertrudenkapelle

von der Stadt. Doch die notwendigen baulichen Veränderungen in der Kapelle, die Marga von der Kälte befreien könnten, erfolgen nicht. Briefe aus der Zeit von 1954 bis 1960, von Harmsen an Marga geschrieben, machen deutlich, daß viel besprochen wurde und nichts passierte.

Am 14. April 1954 hört sich alles noch gut an. Herr Harmsen hatte in Berlin eine Unterredung mit den Herren von der Akademie. Dabei kam auch Margas „Lage zur

Sprache sowie die Frage eines Kuratoriums für St. Gertruden". Harmsen begrüßt, daß sich das Ministerium einschalten will, damit Marga rechtzeitig die von der Stadt Güstrow zugesagte Pension erhält, und daß ihre Wünsche hinsichtlich Telefon, Blitzableiter und wärmeschonendem Fußbodenbelag so bald wie möglich erfüllt werden. „Ich würde sehr hoffen und wünschen, daß durch ein solches Kuratorium gleichzeitig etwa entstehende örtliche Spannungen zum Ausgleich gebracht werden können. Sie wissen, daß das mein größtes Anliegen immer in diesen ganzen letzten Jahren gewesen ist" [145], schreibt Harmsen an Marga.

Sein Brief vom 25. November 1957 zeigt, daß er Margas Situation kennt: „Plötzlich ist die Kälte gekommen, und dabei denke ich an Sie und die Schwierigkeit, ein ausreichend warmes Zimmer zu haben." Wieder einmal berichtet er von einer Kuratoriums-Sitzung, in der diese Fragen angesprochen wurden. „… und es bestand Einigkeit darüber, dass Sie es ausreichend warm haben müssten. Ich fürchte, daß in bezug auf die Isolierung etwa mit Glaswolle oder so nichts während des Sommers geschehen ist. Nehmen Sie doch aber bitte den elektrischen Ofen in Benutzung, der sehr schön Wärme ausstrahlt. Der Bürgermeister hatte mir ausdrücklich zugesagt, dass Sie erforderliche Stromkosten nicht scheuen sollen. Falls Sie glauben, dass irgendwelche Schwierigkeiten entstehen, lassen Sie es mich bitte wissen, damit ich mich an das jetzt zuständige Stadtoberhaupt wenden kann." [146]

Drei Jahre später wird noch immer über die Probleme in

der Gertrudenkapelle gesprochen. Passiert ist bisher nichts. Doch nun soll endlich eine Zuleitung neu verlegt und isoliert werden. Regenschutzmaßnahmen sollen getroffen werden. „Lassen Sie mich bitte wissen, wie die Dinge weitergehen und ob von hier aus noch einmal gemahnt werden muß" [147], schreibt Harmsen an Marga.

Am 30. Juni 1960 erfährt Marga, daß erneut über die wichtigsten Reparaturen in der Gertrudenkapelle gesprochen wurde. Harmsen versichert, daß der Rat der Stadt Güstrow die damit beauftragten Handwerker nochmals nachdrücklichst veranlassen will, bis Anfang August alle Schäden zu beseitigen. Die Windschutzbretter, die Blitzschutzanlage sollen dann endlich angebracht und die Wasserleitung soll bis dahin winterfest sein.

Ob diese Geschichte 1960 wirklich zum Abschluß gekommen ist, weiß ich nicht.

Doch gehen wir zurück in das Jahr 1954, in dem sie begann und Marga sehr froh über eine zusätzliche Kohlenlieferung von der Stadt ist.

Es ist auch das Jahr, in dem Margas Post von der Staatssicherheit überwacht wird. Die Bezirksverwaltungen der Staatssicherheit in Schwerin und Neubrandenburg haben Abschriften von Briefen, die an Marga gerichtet sind, an die Kreisverwaltung der Staatssicherheit geschickt und um eine weitere Bearbeitung und Berichterstattung gebeten. In einem der als „verdächtig" eingestuften Briefe bittet eine Freundin Marga bei einer bestimmtem Person zurückhaltend zu sein.

Marga muß geahnt haben, daß ihre Post überwacht wird, denn sie bittet ihre Schwester Phia, nicht allzu offen zu sein.

Immer öfter findet man in Briefen aus dieser Zeit zu bestimmten Problemen nur Andeutungen und die Formulierung, daß man darüber lieber mündlich reden sollte. Und so bleibt uns durch die berechtigte Vorsicht in den Briefen vieles verborgen.

„... *sorge Dich nicht*", schreibt Marga im Dezember 1954 an Annalise Wagner, „*es ist erträglicher hier oben.*" [(148)] In der Röhre liegen köstlich duftende Bratäpfel. Marga hat einen Heißhunger darauf, und wieder die Hoffnung, daß der kalte Winter bald vorbei sein wird. Je höher die Sonne steigt, um so mehr Besucher werden in die Kapelle kommen.

Am 27. September schreibt Marga: „... *Es haben sich diese Woche noch viel Auswärtige angesagt. Heute bin ich mal wieder in die geliebten Wiesen entfleucht, die duftenden Heuhocken standen schon da. Wie sehr liebe ich diese still-durchsonnten schon beinah herbstlichen Tage. Ich ging noch weiter in die Heidberge, ohne sonst einzukehren.*" [(149)]

Und erneut kommt ein Winter, und wieder weht ein eisiger Wind.

Der Januar 1956 muß schlimm für Marga gewesen sein. „*Noch nie habe ich so gefroren, wie in diesem elenden Winter, nachts vor Kälte im Zimmer hin und her gelaufen, weil der Wind so durch die dünnen Wände pustet, es zog mächtig in meiner Schlafecke – und die undichten Fenster. Die Erkältungen werde ich nicht mehr los.*" [(150)]

Es wiederholt sich alles, und Marga wird es von Jahr zu Jahr schlechter gehen. Sie ignoriert die Warnsignale ihres Körpers und hofft, daß es ihr besser geht, wenn die Sonne wieder scheint.

„... zu meinen persönlichen Dingen komme ich kaum, die Menschen fressen einen buchstäblich auf, ich merke es am Gewicht, und die Röcke müssen erneut enger gemacht werden" [151], schreibt Marga einer Freundin. Auch die Nächte gehören ihr kaum noch, und sie würde so gerne in den neuen Büchern lesen.

Annalise Wagner hat ihr den „Traum von Troja" geschenkt. Marga ist ganz neugierig darauf, denn es soll viel von Prof. Dörpfeld, dem besten Freund ihres Vaters, in dem Buch stehen.

Es gibt noch so viele andere Dinge, die sie tun will.

Marga schmückt das Grab von Barlachs Mutter mit einer Kerze und Blumen. Dann eilt sie zum Bahnhof. Sie setzt sich in den kleinen Raum, ißt dort hastig etwas und denkt an Barlach. Die Luft ist voller Erinnerungen. Die „Weltbühne" haben sie hier gelesen und Barlachs Tagebücher. Es kehrt so vieles zurück, wenn sie hier sitzt. Aber es bleibt Marga nicht viel Zeit zum Verweilen. In der Kapelle warten Besucher auf sie.

An vielen Veranstaltungen, zu denen sie eingeladen wird, kann Marga nicht teilnehmen. Bei Ehrungen für Barlach in der Stadt und bei einem Vortrag von Horst Bastian wird sie nicht dabei sein. Immer öfter lassen sie Krankheiten nicht aus dem Haus.

Das Jahr 1957 beginnt nicht gut für sie. „... *das Wasser wieder eingefroren, ein trostloser Zustand in meinem Alter, so zu leben*" [152], schreibt Marga.

Ostern hat sie wie immer viel Besuch. Angemeldet und unangemeldet kommt man zu ihr. Im August gibt es das große Ost-West-Treffen der Barlach-Gesellschaft in Güstrow. Es ist ein Wiedersehen nach langer Zeit mit ihrer Schwester Phia, die an dieser Reise teilnimmt.

Und Marga hat wieder einmal mit anderen Mitleid. „*Die Westler machen eine anstrengende Reise von Güstrow nach Rostock, Doberan, Heiligendamm, Wismar, Ratzeburg. Klaus wird dort die Führung machen, die ihn genauso anstrengt wie mich.*" [153]

Aber auch Marga verreist in diesem Jahr. Es ist keine weite Reise. Sie fährt nur bis Neustrelitz. Bei der Freundin Annalise Wagner, und nicht in Güstrow, feiert sie ihren 70. Geburtstag. Das erste Mal ist Marga dort zu Besuch. Annalise Wagner hält eine große Rede, in der es viele Bitten gibt. Marga soll sorgfältiger mit ihrem Leben umgehen und endlich ihre Erinnerungen über ihre Begegnungen mit Barlach und den vielen anderen Künstlern aufschreiben.

„Es ist gerade die Weimarer Zeit der 20er Jahre eine Hoch-Zeit künstlerischen Schaffens in Deutschland gewesen, wie seit Jahrzehnten vorher und nachher nie wieder. Der Künstler wagte etwas und konnte durch seine Freiheit auch alles wa-

Marga Böhmer und Annalise Wagner in Neustrelitz, 1957

gen. Daran laß uns teilhaben, die wir eine Generation später
geboren wurden" [154], fleht die Freundin Marga an. Ihre Bitte
wird nicht erfüllt.

Marga ist zu beschäftigt, und Annalise Wagner ist nicht die
einzige Freundin, die sie bedrängt. Es sind noch viele andere
da, die von ihr Rat, Trost oder zärtliche Umarmungen haben
wollen. Es gibt Traurigkeiten und auch Bösartigkeiten, wenn
Freundinnen spüren, daß sie Marga nicht an sich binden können. Sie ist keine Frau, die man umklammern kann, und festhalten läßt sie sich schon gar nicht.

„Ich bin ein großer Feind von Belagerungen und bin ein zu großer Freiheitsfanatiker, um sie ertragen zu können" [155], sagt Marga. Sie will keine Freundschaft, die sie zuviel Kräfte, zuviel Zeit kostet, und sie will nicht mit allen Freundinnen über alles reden.

Von einem schönen Erlebnis in der Nacht soll nur Trudi etwas wissen. „Ich mag mit keinem sonst darüber sprechen – man würde es doch nicht verstehen", schreibt Marga. „Es ist wohl so, dass Menschen, die dem Unermeßlichen verwurzelt bleiben, Fähigkeiten besitzen, die kein Wissen, keine Grübeleien ersetzen kann." [156]

Der Neustrelitzer Freundin versichert Marga im Juni 1954, daß ein Aufenthalt ihrer Pflegetochter in der Kapelle völlig ungefährlich wäre. „… Deine Tine (Pflegetochter) würde sich mit den Gespenstern in Gertruden schon befreunden. Es sind nämlich vorgestern wieder im Beisein von Str. (damit ist Fräulein Struwe gemeint D. C.) zu nächtlicher Stunde herrliche Lichtphänomene in der Schrankecke, gänzlich harmlos, ja gutmütig geartete zu sehen gewesen." [157]

In der Kapelle fühlt sich Marga den „Sternen … ein wenig näher als dem Hässlichen was sich in G. jüngstens ereignete". [158] Marga sucht nach den Ursachen. „Es ist viel Krankheit unter den Menschen und wenig Liebe und Güte. Ob da wohl Zusammenhänge sind" [159], fragt sie sich. Manchmal will es ihr so erscheinen.

Neue Aufregung gibt es 1957 für sie. Marga soll nachweisen, daß das Barlachporträt von Leo von König, welches sie

174

der Stadt Güstrow für eine Rentenzahlung vermachte, ihr auch wirklich gehört. Die Frau des verstorbenen Künstlers bestätigt es und schreibt: „Es tut mir sehr leid, liebe Frau Böhmer, das Ihnen aus dem Besitz des Bildes soviel Ungerechtigkeit, Ärger und Sorgen erwachsen sind." [160]

Aber auch ganz andere Post erreicht sie. Freunde aus ihrer Heimat im Harz fragen an, ob sie eine Kuhglocke schicken sollen, da ja die Klingel in der Gertrudenkapelle ewig versagt. Der Sohn der Familie Jockel vom Heidberg erinnert sich 1995 bei unserem Gespräch daran, daß seine Mutter und er lange an der großen Tür der Gertrudenkapelle klopfen mußten, bis Marga sie hörte.

Für Besucher hat Marga inzwischen zwei lange Fußmatten anfertigen lassen, weil es einfach zu kalt ist für die älteren Leute, die manchmal eine Stunde in der Kapelle sitzen. Heizen will Marga wegen der wertvollen Hölzer dort nicht. Die Kälte ist hier ein Dauergast, und sie kriecht Marga in die Glieder. *„Daher ist es wintertags mit den Führungen sehr hart für mich"* [161], schreibt sie. Wieder einmal wartet sie auf bessere Tage. Aber als es 1958 frühlingshaft warm wird, ist Marga krank. *„Zum Arzt mag ich nicht gehen"*, schreibt sie an ihre Schwester Phia, *„seit Dr. Bajon tot."* [162] Durch den schmerzenden Ischias kann Marga nicht aufstehen. Der Wärter leert das Postfach für sie, bringt ihr die vielen Karten und Briefe. Er wird auch heizen und Marga mit Essen versorgen. Marga ist froh, daß er keine Besucher zu ihr nach oben läßt, aber es bedrückt sie, daß sie zum Todestag des „unglücklichen Böhmers" sein Grab nicht schmücken kann.

Sie hofft so sehr, daß ihr Ischias sie bald nicht mehr quält, denn sie will unbedingt im Juni nach Schwaan zum Geburtstag ihres Zahnarztes. „Otto Sch. gilt als bester Wurzelheber hier in Mecklb…", schreibt Marga an ihre Schwester Phia, „mir hat hat er noch nie weh getan – er hat so eine leichte Hand. Barl. und Bern fanden das auch …" [163] Zum Ehrentag von Dr. Schildt will Marga unbedingt da sein, denn er gehört zu ihren ältesten Freunden hier. Sie kennt ihn seit 1922. Sie will sich also anstrengen, schnell wieder gesund zu werden. Und sie freut sich schon jetzt auf den Oktober. Dann soll es im Güstrower Theater Szenen aus dem „Armen Vetter" und dem „Blauen Boll" geben. Doch der Besuch der Barlach-Austellung in Berlin wird ein Traum für sie bleiben. Marga will die Kapelle nicht allein lassen. Und wieder einmal sind die Postberge gewachsen.

„Sitze schon zwei Tage und zerreiße, lese und in den Ofen damit mir das Unwichtige aus den Augen kommt" [164], schreibt Marga am 4. Januar 1959. Am liebsten möchte sie sich jetzt mit einer Rakete auf den Mond schießen lassen, und sie würde sogar Geld dafür nehmen, das sie dann der Freundin Annalise geben würde, dann könnte die wenigstens still hier oben arbeiten.

In den nächsten Briefen ist wieder von ihrer angeschlagenen Gesundheit die Rede. Sie fühlt sich schwach. Das Essen schmeckt ihr nicht mehr, und sie schreibt, „Im Grunde ge-

nommen, geht das Leben doch schnell dahin, zumal wenn es reich ausgefüllt war. Jetzt, wenn man einen Gegenstand in der Hand hat, fragt man sich, wie lange wohl noch – die Tage sind ja abzählbar." (165)

Immer mehr Freunde sterben. *„Ach Trudi"*, klagt Marga, *„dass Edith nicht mehr da ist. Eine schöne, ständige Sehnsucht führte uns immer wieder zusammen – ohne Ziel. Du weißt, wie ich das meine."* (166) Marga steht vor dem Sarg, der über und über mit Blumen geschmückt ist. Einsam liegt für sie die tote Freundin in der Friedhofskapelle, und Marga erinnert sich. *„Wie gut hatte ich es da, daß ich an B's offenem Sarg 3 Tg. wachen durfte, er mir nicht fortgeholt wurde in die hässliche Friedhofskapelle, in der oft 3–4 Särge stehen."* (167)

Bei allen Toten, um die sie trauert, bricht der Schmerz über den Verlust des geliebten Mannes wieder auf.

Das Frühjahr 1959 verbringt sie im Bett. Atemnot, Husten, Bronchitis. Erst im Juni lebt sie wieder richtig auf. Ihre Insel duftet betäubend. Abends, wenn die vielen Besucher fort sind, sitzt Marga noch lange draußen. Froh berichtet sie im Juni 1959, daß der Katalog ausverkauft ist. Im September liegt Marga mit einer Grippe im Bett. *„So krank bin ich nicht, daß ich ins Krankenhaus gehen muß. Das Bett steht kränkeren Leuten zu"* (168), versucht sie die Freundin zu beruhigen. Schon bald steht Marga wieder auf. Barlachs Sohn will mit seiner Familie kommen, und auch Prof. Harmsen hat sich angemeldet. Außerdem ist der Volkskammerpräsident Dieckmann für einen Besuch in der Gertrudenkapelle angekündigt.

Für diesen hohen Besuch wird die Stadt nach fünf Jahren endlich wieder einmal Geld für die Gertrudenkapelle haben. Maler und Maurer kommen. Marga ist erleichtert, denn Freunde aus Rostock hatten ihr vorgeschlagen, für die Kapelle Geld zu sammeln. Aber daß fremde Menschen ihr Geld für Reparaturen in der Kapelle hergeben, wollte Marga nicht. Immerhin sind fast 4000 Mark für den Katalog eingenommen worden, stellt sie fest, und viel mehr können die anfälligen Reparaturen doch nicht kosten.

Pfingsten 1960 gibt es, wie immer zu diesem Fest, einen Besucheransturm in der Gertrudenkapelle. Marga ist verletzt. Nachdem der Hund, den sie von der Familie Jockel vom Heidberg hatte, gestorben ist, sind ihr als Ersatz zwei bissige Köter gebracht worden. Geduldig versucht sie mit den Tieren klarzukommen, aber die neuen Hunde vertragen sich nicht. Bei dem Versuch, sie auseinanderzubringen, wird Marga gebissen. Aber im Oktober ist das alles längst für sie vergessen. Das Haus ist wieder voller Besucher. Es bewahrheitet sich nicht, daß Barlach nach seinem Tod vergessen sein wird. Seine Vermutung geht nicht auf. Erst in den späten Abendstunden kommt Marga dazu, die vielen Blumen zum 22. Todestag zu bewundern und das Licht zu genießen. Freunde aus dem Westen haben ihr echte Wachskerzen geschickt, die nun brennen und duften.

Weihnachten und Neujahr ist Marga erneut krank. Immer öfter steht in ihren Briefen, daß sie menschenmüde geworden ist. Für den alten Wärter hat man nun Frau Dethloff einge-

178

setzt. Ihr Mann ist Rentner und erledigt viele Hausmeister-
arbeiten in der Kapelle.

Noch heute erzählt man in Güstrow die unglaublichsten
Geschichten über den alten Wärter und das neue Wärter-
ehepaar. In allen Briefen, die ich von Marga kenne, fand ich
nie ein Wort der Klage von ihr über diese Menschen. Mit
einer eigenwilligen und später noch dazu sehr kranken Frau
wird das Ehepaar Dethloff es gewiß nicht immer leicht gehabt
haben.

Der schon vor einem Jahr groß angekündigte Besuch des
Volkskammerpräsidenten Dieckmann in der Gertrudenkapelle
findet erst jetzt, im Mai 1961, statt. Danach berichtet, was
ursprünglich nicht vorgesehen war, die „Neue Berliner Illustrierte" auch über Marga Böhmer. Durch einen Zufall begegnen der Journalist Dieter Heimlich und die Bildreporterin
Barbara Meffert Barlachs Lebensgefährtin. Beide hatten, wie
aus ihrem Artikel gleich deutlich wird, noch nie etwas von ihr
gehört.

„Wir wollten uns bereits zum Ausgang wenden, als wir von
einer älteren Frau angesprochen wurden. Einer Frau in nicht
mehr modernem Kostüm, das in eigenartigem Gegensatz zu
dem jung wirkenden Gesicht stand; ein Antlitz voller Fält-
chen zwar, aber beherrscht von lebendigen braunen Augen:
Wenn wir Interesse hätten, könnten wir gerne einmal hinauf-
kommen.

Aus der Kapelle führte ein kobaltblauer Gang mit gelbhöl-
zernem Treppengeländer in ein Obergeschoß. Da hingen an

den blau getünchten Wänden Grafiken Barlachs. ... Oben auf dem Treppenabsatz leuchteten in der späten Nachmittagssonne feuerrote Pelargonien. Verrieten, daß dort oben kein Museumsraum sei. Über dem Kapellenraum eine kleine Wohnung!

Einem merkwürdig geordneten Durcheinander war auf den ersten Blick anzusehen, daß da jemand schon sehr lange wohnen müsse: Die Dinge und Möbel standen in einer Beziehung zueinander, die einen bestimmten Lebensrhythmus verrieten. In diesem scheinbaren Durcheinander also hingen Gemälde der zwanziger Jahre, standen Plastiken, Porträtstudien, Tierfiguren. Wir gingen betrachtend umher. Da sagte sie, auf eine Gesichtsmaske des Meisters hinweisend – fast beiläufig – die habe sie selbst gemacht."

Der Journalist und die Bildreporterin fragen verwundert, ob sie Barlach persönlich kannte, und lassen sich von ihr die Geschichte ihrer ersten Begegnung erzählen. Ihr ausführlicher Bericht in der „Neuen Berliner Illustrierten" ist wahrscheinlich der erste und einzige größere Artikel, den es in der DDR zur Lebensgefährtin von Barlach geben wird.

Kurze Zeit später hat Marga wieder einen Schwächeanfall. Sie sitzt im Bahnhofsrestaurant und muß ihren Kopf auf den Tisch legen. Der Eisbecher neben ihr bleibt unberührt. Als sie sich etwas besser fühlt, geht sie langsam nach Hause. Ihre grüne Insel hat die Sonne verbrannt. Büsche und Bäume verdorren. Marga gibt der großen Hitze die Schuld dafür, daß sie sich so schwach und ausgelaugt fühlt.

Bei der Feierstunde im Ernst-Barlach-Theater am 16. Juni 1963 ist Marga wieder ganz wach. Ihrer Freundin aus Neustrelitz berichtet sie ganz detailliert, welche Texte gelesen wurden und welche Musik an dem für sie so aufregend schönen Tag gespielt wurde. Sie erwähnt auch die Novelle „Barlach in Güstrow" von Franz Fühmann. Gerade erst ist sie veröffentlicht worden. Marga schreibt: „*Es gab viel feuchte Augen über Fühmann.*" [169] Wie sie die Worte des Schriftstellers aufnahm, teilt Marga nicht mit. Darüber will sie mit Annalise Wagner ganz persönlich reden.

Ich wäre gern dabei gewesen.

VIII.

Viele Bücher und ein Film

„Gefährtin der vierzehn Jahre gerühmten und gewürgten Lebens" – so nennt Franz Fühmann in seinem Buch „Barlach in Güstrow" Marga Böhmer. Vor mir liegt die Reclam-Ausgabe aus dem Jahre 1977. Auf 62 Seiten beschreibt er das seelische Leiden des Künstlers, als man 1937 seinen Engel aus dem Dom in Güstrow entfernt. Marga wird auf den Seiten 7, 8, 9, 10, 12 und 54 sowie auf der letzten Seite erwähnt. Eine weinende Frau, die voller Angst und Sorge um Barlach ist.

In der Bibliothek von Marga finde ich weder eine Reclam-Ausgabe dieses Buches noch die gesammelten Erzählungen Franz Fühmanns unter dem Titel „König Ödipus", in denen die Novelle ebenfalls erscheint. Sie besitzt auch nicht den Bildband vom Hinstorff-Verlag, in dem die Novelle als epischer Text veröffentlicht ist. Von Franz Fühmann entdecke ich nur einen Gedichtband in Margas Bibliothek. Hat sie seine Novelle „Barlach in Güstrow" vielleicht verschenkt, verliehen oder nie besessen?

314 Titel sind in ihrer Büchersammlung erfaßt. 12 eng beschriebene Seiten. Es dauert viele Stunden, bis ich die Liste abgeschrieben habe. Bei meinem nächsten Arbeitsbesuch in der Barlach-Gedenkstätte am Heidberg erhalte ich Einblick in Margas Bibliothek. Wärmer wird mir erst, als ich in ihren Büchern blättern kann.

Marga hat mit dem Bleistift gelesen und läßt mich erfahren, was ihr wichtig war. Viele der Bücher, die ich ausgewählt habe, sind voller Unterstreichungen und Randlinien. Verständlicher wird jetzt auch so manches, was ich durch Gespräche mit Zeitzeugen erfahren habe.

„Der Meister ist ihr erschienen", versichern mir Margas Freundinnen. „Sie glaubte wohl an so etwas", sagen andere. Frauen, die damals noch junge Mädchen waren, betonen, daß Marga sie mit ihren Geschichten nicht erschrecken konnte. Hatte sie das denn überhaupt beabsichtigt? In Margas Briefen haben ihre Träume keinen Namen, kein Gesicht. Dem Papier vertraute sie diese Erlebnisse nicht an. Nur wer dicht an ihrer Seite war, in den langen Nächten in der kleinen Kapelle bei ihr saß, erfuhr von ihren Reisen in ein unbekanntes Reich, das mir verschlossen bleibt. Aber in einem Buch von Marga lese ich neben vielen anderen unterstrichenen Textstellen: „Jedenfalls haben alle nicht quälenden unter den Tagträumen, Visionen und Erscheinungen etwas durchaus Wohlgefühlerregendes an sich und werden von denen, die sie erleben, stets als die glücklichsten Zustände gepriesen, zu denen sie fähig sind." [170] Ich verfolge Margas Bleistiftspuren in ihren Büchern, um auf die vielen offenen Fragen eine Antwort zu finden. Was hat es zu bedeuten, wenn sie nach Barlachs Tod kaum noch seinen Namen nennt, sondern nur noch vom Meister spricht? Will sie durch diese Bezeichnung anderen deutlich machen, daß nicht ihre Liebe zu diesem Mann und ihr Leben mit ihm

das an die Nachwelt zu Vermittelnde sind, sondern die Ehrfurcht vor seiner Kunst, uns selbst an menschlicher Größe
gewinnen lassen? Vielleicht gibt eine markierte Textstelle aus
einem Buch von Marga uns eine Antwort. Dort steht geschrieben: „Ehrfurcht will erworben sein, und Ehrfurcht bekennen,
heißt sich selber ehrwürdig machen. Nur im Sichbeugen vor
allem Überragenden, in der Achtung vor Verdienst, Würde,
Alter öffnet der Mensch seine Seele dem Erkennen alles dessen, was ihn selber emporwachsen läßt. Wer der Anerkennung
bedeutsamer Leistungen, überlegenen Wissens und Könnens
nicht mehr fähig und willig ist, der verurteilt sich selber zum
Stillstand." [171]

Jahre später, in ihrer letzten Lebenszeit, wird Marga in
ihrer Dachstube nicht nur von der Kunst des Meisters und
seinem Leben sprechen, sondern auch von ihren gemeinsamen Nächten und Zärtlichkeiten. Gierig lauschen Sensations-
süchtige diesen Berichten und geben sie ausgeschmückt weiter. Aber noch sind wir nicht bei diesen dunklen Jahren. Noch
ist Marga hellwach, und noch faszinieren sie ihre Bücher.

Ähnlich wie Ernst Barlach sich von einem Zeitungsfoto
eines liegenden Buddhas wie von einer Stimme aus einer anderen Welt magisch angesprochen fühlte, mögen Marga die
Geheimnisse der Kultur der Fakire und Yogis verzaubert haben. Sie unterstreicht viele Zeilen in dem Buch über die ver-
borgenen Weisheiten der Männer aus Indien, das ihr ein Herr
Hans-Jürgen K. mit einer freundlichen Widmung schenkte.
Hinzugefügt hat er, daß dieses Buch ihr Hilfe sein soll bei der

Beantwortung ihrer Fragen. Wie gerne würde ich wissen, ob Marga in der dort beschriebenen Suche eines jungen Mannes nach seinem Meister Ähnlichkeiten mit ihrem Leben entdeckt hat. „Der Meister weiß schon vorher, wer zu ihm kommen soll, und den wird er wie ein Magnet anziehen. Seine anziehende Kraft und das vorbestimmte Schicksal des Menschen gehören zueinander" [172], steht in Margas Buch.

Viele Zeitzeugen erzählen mir, daß Marga ihnen mystisch vorkam. Sie sprach oft von geheimen Kraftströmen, die sie in sich spürte. Manche waren verwundert über solche Schilderungen, andere schmunzelten heimlich darüber. Noch heute nennen viele Güstrower Marga eine Spökenkiekerin. Menschen, die sich bemühten, Marga zu verstehen und ihr trotzdem auf ihren Reisen in das Land der Träume und Mythen nicht folgen konnten, sagen: „Sie lebte in einer anderen Welt." Was genau Marga ihren engsten Freunden in den langen Nächten in der Gertrudenkapelle anvertraute, wie weit sie in das verschüttete Reich des Unbewußten eindringen konnte, wird wohl immer ein Geheimnis bleiben.

Rätselhaft ist für mich auch ein Zeichen, das Marga in Briefen und auch Karten unter oder neben ihren Gruß setzt. Den Kreis, in dessen Mitte sich ein Punkt befindet, schickt Marga in ihren Briefen und Karten nur an Menschen, mit denen sie eng befreundet ist. Auch ihre einzige Nichte erhält diesen sonderbaren Gruß. Von dem Mann der Nichte erfahre ich 1996, daß der Ring mit dem Punkt darin in der Familie als Sinnbild für Kuß oder Küßchen verwendet wurde. Aber vielleicht steckte doch mehr dahinter, wenn Marga mit einem Ursymbol der Menschheit grüßte. Ein Zeichen, das für alles Hohe und Unerreichbare, für Göttliches und Heiliges steht. In der Astronomie und Astrologie bedeutet der eingekreiste Punkt die Sonne, in der Alchimie das Gold. Bei den Rosenkreuzern, den legendären Geheimbünden, die eine Generalreform im persönlichen und gesellschaftlichen Leben anstrebten, versinnbildlicht er die Kaisermacht. Der Punkt im Kreis. Die Mitte des Universums. Welche Vorstellungen mögen mitgeschwungen haben, wenn Marga und auch Barlach dieses uralte Symbol verwendeten?

Die Kunst, in Bildern zu denken, war ihr nicht fremd. Noch heute nennen viele Menschen Marga eine geheimnisvolle Frau, weil sie sich mit den Unerklärlichkeiten des Lebens beschäftigte, in sich hineinschaute und an Büchern und Gesprächen darüber brennend interessiert war. Marga ist im Sternzeichen des Skorpions geboren. Diesen Menschen sagt man ein Faible für Geheimlehren nach. Die Grenzen ihrer Möglichkeiten wird sie sicherlich gekannt haben. In einem ihrer Bücher ist unterstrichen: „Zu fragen, ‚wo‘ das Unbewußte oder überhaupt die Seele sitzt, ist ebenso töricht wie die Frage, wie die Musik aussieht." [173]

Viele Fragen zum Dasein werden Marga gequält haben, und wie sehr mag ihr Barlach bei Gesprächen darüber gefehlt haben, der ebenso wie sie sich jenseits der Schranken der Wahrnehmung bewegen konnte. Schon in einem seiner ersten

Briefe an Marga verrät er, daß er ihr ganz nah sein will. „… leise spüre ich mich an Dein Herz heran und bitte Dich, verschließ mir nichts von Dir …" Ganz tief will Barlach graben und sich selbst nicht verschonen, und so teilt er Marga mit: „Manchmal denke ich, ich war einmal ein Nachfolger und Parteigänger des abgelebten Dionysos, der noch so lebendig ist wie Christus …" Und Barlach, der eine Verwandtschaft zum Gott des Weines und der Fruchtbarkeit in sich verspürt, bittet Marga: „… wo, lieber Jeter, steckt denn in der Vergangenheit Dein Vorfahr im Wesen?" [174] Margas Antwort kenne ich nicht.

Aus den vielen Büchern, die in der Zeit mit Barlach und nach seinem Tod ihre Wegbegleiter waren, will ich nur noch einen einzigen Satz anführen. Marga unterstreicht: „… daß der Wert des Lebens nicht im Guthaben liegt, sondern im Gutes schaffen, ist vielleicht die allergreifbarste Wahrheit, die unsere Zeit uns nahe legt." [175] Gelebt hat Marga nach diesen Worten nicht erst seit 1947, als sie dieses Buch geschenkt bekam.

Gefunden habe ich in Margas Büchersammlung nicht nur Lebensweisheiten, sondern auch Lebensspuren. Ähnlich wie Barlach klebte sie Zeitungsausschnitte und Fotos hinein. Ich finde Blüten und Blätter, die sie in den Büchern preßte, und traue mich kaum, die zarten Gebilde zu berühren. Ich will nicht zerstören, was Marga vielleicht einmal eine wichtige Erinnerung war. Auf viele Buchdeckelseiten ist ein Bild von Barlach geklebt. Die großen Augen des geliebten Mannes haben sie angesehen, bevor sie sich in ein Buch vertiefte. Lesen ist ein Vergnügen für Marga, das ihr inneren Frieden bringt. In ihren Briefen berichtet sie voller Stolz über ihre Bücher wie andere Frauen über ihre Kinder. Freunde schauen stets voller Neugier in ihre Sammlung, und wenn Marga nicht so interessant als Gesprächspartner gewesen wäre, hätten sich ihre Gäste sicherlich festgelesen.

Anfang der sechziger Jahre blättert Roger Loewig, ein junger Künstler aus Berlin, bei seinen Besuchen in der Gertrudenkapelle immer wieder in einem Buch mit Totenmasken. Es sind fotografische Reproduktionen nach den Originalgipsabdrücken berühmter Köpfe von Dichtern, Tonschöpfern, Philosophen und Staatsmännern. Ob Margas Buch Anstoß zur später eigenen Arbeit vor den Gesichtern Gestorbener in der Totenkammer eines Berliner Krankenhauses war, vermag Roger Loewig heute nicht mehr zu sagen. Aber er wird nie vergessen, wie Marga Böhmer sich ihm gegenüber verhielt, als man ihn verhaftete und es für sie nicht ungefährlich war, sich laut und deutlich zu diesem Mann und seinen Arbeiten zu bekennen, die als staatsgefährdend galten. Das war 1963.

Ein Jahr zuvor waren Roger Loewig und seine Lebensgefährtin, Creszentia Troike-Loewig, zum erstenmal in der Gertrudenkapelle. Barlachs Arbeiten und das Gespräch mit Marga beeindrucken sie tief. Sie kommen immer wieder nach Güstrow. Marga schätzt die Arbeiten des jungen Künstlers, der am Tag seinen Lehrerberuf ausübt und nachts wie ein

Besessener malt, zeichnet und schreibt. Sie spürt auch sofort eine große Nähe zu Loewigs Lebensgefährtin, denn das Leben dieser Frau ist ihrem Leben mit Barlach nicht unähnlich. Schmerzlich berührt Marga, daß ihre Freunde 1963 in große Not geraten. Marga ist die erste, die erfährt, was passiert ist.

Mitarbeiter der Staatssicherheit haben Loewig am 15. August um sechs Uhr im Sommerferienquartier in Ribnitz-Damgarten verhaftet. Staatsgefährdende Hetze und Propaganda in schwerwiegendem Falle wird ihm vorgeworfen. Creszentia Troike-Loewig fährt in ihrer Verzweiflung zuerst nach Güstrow und dann weiter nach Berlin. Noch heute erinnert sie sich genau an die Worte, die Marga Böhmer damals sagte: *„Aber das geht doch nicht! Sie können ihn doch nicht einsperren! Er muß doch arbeiten."* Marga weiß, was eine ungerechte Verurteilung für einen Künstler bedeutet.

Loewigs Wohnung in Berlin ist bereits versiegelt. Viele Arbeiten sind beschlagnahmt. Er wird wie ein Schwerverbrecher behandelt, dem nach Aussage des Anwalts zwanzig Jahre Gefängnis drohen. In einem Satz aus der Anklageschrift heißt es: „... Die durch den Beschuldigten Loewig gefertigten Gemälde, Zeichnungen, Gedichte und Prosaschriften sind durch ihren Inhalt und ihre Form von besonderer Gefährlichkeit ..." [176]

Regelmäßig schreibt Creszentia Troike-Loewig an Marga. Geld, das Marga ihr immer wieder anbietet, will sie nicht annehmen. In Gedanken ist Marga in dieser Zeit oft bei dem getrennten Paar. Obwohl es nicht ungefährlich ist, erzählt sie anderen, was Roger Loewig angetan wurde. Zeichnungen, die sie von ihm in der Kapelle verwahrt und die so der angeordneten Vernichtung entgehen, zeigt sie Besuchern, die später Loewigs Freunde und Förderer seiner Arbeiten werden. So u. a. dem Geschäftsführer der Barlach-Gesellschaft, Hans Harmsen.

1964 wird Roger Loewig durch die Vermittlungen aus der Bundesrepublik aus dem Gefängnis losgekauft. Nach der Haft darf er nicht mehr als Lehrer arbeiten. Er fällt seine Entscheidung für die Kunst endgültig. Marga weiß, daß Roger Loewig keinen Arbeitsraum hat, kaum Material und Geld. Sie spricht deshalb immer wieder mit Menschen, von denen sie hofft, daß sie sich für den jungen Künstler einsetzen, für Ausstellungen seiner Arbeiten oder für Ankäufe, damit er weiter arbeiten kann.

In der DDR bleibt Roger Loewig ein Unerwünschter, der mit der ständigen Angst lebt, erneut verhaftet zu werden. Freunde von ihm leiten 1967 ein Verfahren zur legalen Übersiedlung in die BRD ein. Erst vier Jahre später wird dem Maler, Graphiker und Dichter die Übersiedlung genehmigt. Doch ein Mensch wie Roger Loewig, der Kunst und Wahrheit nicht trennen will und kann, dessen Werke tief berühren und beunruhigen, hat es nirgendwo leicht. Seine Bilder, die man im Osten für gefährlich hielt, werden im Westen oft unzumutbar genannt.

Dankbar ist er allen, die ihm auf seinem schweren Weg

geholfen haben. Zu diesen Menschen gehört auch Marga Böhmer. Erst 1991 wird Roger Loewig im Zusammenhang mit seinem Rehabilitationsverfahren aus seiner Gerichtsakte von 1963 ein Schreiben von ihr in den Händen halten können. Was er dort, 22 Jahre nach dem Tod der Freundin, lesen kann, verwundert ihn nicht. Er wußte immer, wie Marga Böhmer zu ihm stand. Aber was hat der Richter damals beim Lesen dieser Zeilen empfunden? In einem Prozeß, in dem von vornherein die Schuld des Angeklagten festgeschrieben stand, waren Margas Worte sicherlich völlig unbrauchbar. Doch lassen wir Marga selbst sprechen. In ihrer Stellungnahme vom 11. Juli 1964 für das „hohe" Gericht schreibt sie:

„Ich lernte Roger Loewig im Sommer 1962 kennen. Zu mir kommen sehr viele Kunstinteressierte und Künstler des In- und Auslandes. Es ist mir nicht möglich, viele von ihnen näher kennenzulernen. Roger Loewig interessierte mich aber sofort. Die Gespräche mit ihm waren anregend und intensiv. Durch seine Offenheit und sein sicheres Urteil wurde er mir bald sympathisch. Später zeigte er mir eigene Aquarelle, Gouaches und Zeichnungen. Ich war überrascht von der ungewöhnlichen großen Ausdruckskraft der Arbeiten und der eigenartigen, persönlichen, für seine Sujets sehr zutreffenden Formensprache, die er sich geschaffen hatte. Ich halte ihn für eine starke malerische und graphische Begabung. Dieses Urteil wurde bestätigt durch die Reaktionen vieler kunstverständiger Besucher, denen ich Arbeiten von R. L. zeigte.

Aus seinen Arbeiten und Ansichten sprach eine sehr ernste, verantwortungsbewußte Haltung zum Leben und zur Kunst. Ich schätzte diese Einstellung als die auch mir gemäße sehr, bedauerte aber, daß er sich so isoliert fühlte und aus dieser Haltung heraus seine eigene Entwicklung so negativ beurteilte. Ich konnte mir nicht vorstellen, daß seine Arbeiten kein Echo finden könnten, lud ihn ein, mich zu besuchen, und hatte die Absicht, ihn mit anderen Kunstschaffenden zusammenzuführen. Mir tat es leid, daß er davon sprach, nicht mehr künstlerisch arbeiten zu wollen. Er litt offenbar unter Depressionen, war unzufrieden mit sich selbst und schien mit irgendwelchen Problemen nicht fertigzuwerden, die ihn belasteten.

Ich freute mich deshalb sehr, als ich bei seinem letzten Besuch Anfang August 1963 eine Wendung zum Positiven feststellte. Gleich am ersten Tag malte und zeichnete er im Garten der Gedenkstätte, dann beim Dom und an anderen Stellen Güstrows. Die Arbeiten waren frisch und lebendig. Sie hatten nichts Düsteres. Er hatte Freude am Arbeiten, und auch in unseren Gesprächen zeigten sich hellere Aspekte. Ich hatte den Eindruck, daß er sich an einem Wendepunkt befand.

Ich schätze Roger Loewigs künstlerische und menschliche Qualitäten. Es hat mich erschüttert, daß gerade zu diesem Zeitpunkt seine Entwicklung so jäh unterbrochen wurde.“ [177]

Es folgt Margas Unterschrift.

Ihre Worte finden im Prozeß kein Gehör. Daß man Menschen wie sie nicht vergessen darf, ist Roger Loewig wichtig.

Anfang der 80er Jahre zeigt er in einer Ausstellung seiner Werke in Barlachs Vaterhaus in Ratzeburg auch eine Porträtzeichnung von Marga Böhmer, die eine Kompensation seiner Erzähl- und Gesprächsnächte mit ihr ist. In einem Vortrag 1983 gibt Roger Loewig weiter, was er von Marga über ihr Leben mit Barlach erfahren hat. Er wird den aufrichtigen Dank der Zuhörer spüren. Viele Mitglieder der Ernst Barlach Gesellschaft versichern ihm, daß sie zum ersten Mal etwas von dieser Frau erfahren hätten. Roger Loewig wird aber auch zu hören bekommem, daß Geschichten von einer Frau Böhmer hier nicht hergehören.

Doch kehren wir zurück zu den 60er Jahren.

1965 wird Marga Böhmer von der Ernst Barlach Gesellschaft in den Arbeitsausschuß berufen. Welche Aufgaben man dort von der damals 78jährigen Frau erwartete, weiß ich nicht. Aber aus dem gleichen Jahr gibt es noch eine völlig andere Nachricht, die Marga sehr erfreut haben muß.

1965 meldet sich eine Regieassistentin der DEFA bei ihr, die Marga seit 1957 kennt. Ree von Dahlen schreibt, daß man einen abendfüllenden Spielfilm nach Franz Fühmanns Novelle „Barlach in Güstrow" machen will und Fühmann mit dem Drehbuch einverstanden ist. Regisseur des Films ist Ralf Kirsten. Obwohl der Film 1966 fertiggestellt ist, wird Marga den Barlachfilm von Kirsten nie sehen.

Die Briefe, die Ree von Dahlen Marga schreibt, geben subjektive Anworten. Die Frage, warum Marga den Film über

Barlach nicht erleben konnte, ist damit für mich noch nicht geklärt. Was ich später durch einen anderen Zeitzeugen erfahre, läßt mich an dem bisher Gelesenen zweifeln. Aber zu einer eindeutigen Antwort komme ich nicht. Doch nun der Reihe nach. 1992 lese ich die Erklärungen der Regieassistentin Ree von Dahlen zum Scheitern des Projektes.

Lange bemühe ich mich darum, Kontakte zum Regisseur und zum Hauptdarsteller des Films zu bekommen. Sie scheinen nicht mehr auffindbar zu sein. 1996 erfahre ich, daß der Barlachdarsteller, Fred Düren, in Israel lebt. Nach unendlich vielen Bemühungen erhalte ich endlich die Anschrift des Regisseurs Ralf Kirsten. Aus seiner Sicht und aus der Sicht von Ree von Dahlen sollen die Ereignisse vom Beginn der Dreharbeiten 1965 bis zur Aufführung des Films 1971 geschildert werden.

Für den 19. und 20. Januar 1965 meldet sich eine Arbeitsgruppe der DEFA zu einem Besuch bei Marga an. Vom Regisseur erfahre ich, daß der Kameramann, der Szenenbildner und er selbst dabei waren. In Margas Augen waren sie junge, interessante Leute, und sie hielt mit ihrer Meinung zu dem Filmvorhaben nicht zurück. Sie war skeptisch, denn Barlach wollte nie eine Einmischung in seine inneren Angelegenheiten. Aber der geplante Film erforderte die Darstellung von Emotionen, Haltungen und Absichten. Marga glaubte nicht an diesen Film, schreibt mir Ralf Kirsten, denn sie war überzeugt, daß niemand den Schlüssel besitzt, um in Barlach Inneres einzudringen. Erklärt diese Äußerung vielleicht auch

Margas Scheu, sich über Barlach und über ihr Leben mit Barlach schriftlich zu äußern.

„Wir haben uns nicht erschrecken lassen, und es schien ihr recht zu sein", erinnert sich der Regissseur 1996. Viele Gespräche führen die jungen Leuten vom Film und Marga nicht. Nur zur älteren Regieassistentin besteht ein engerer Kontakt, den kaum einer aus dem Filmteam bemerkt. Aber Ree von Dahlen erkennt auch, daß sie sich dieser Frau nie ganz nähern kann, und erklärt es sich damit, daß Marga in einer größeren Welt lebt. Die Besuche in der Güstrower Dachkammerwohnung faszinieren sie, und so läßt sie Marga in einem ihrer Briefe wissen, wie gut ihr die wunderbare Stille getan hat, „mit all den geliebten Gestalten von Meisters Hand, die ja vor allem mit Meisters eigenen Sprache zu Dir sprechen, unhörbar für andere ..." [178] Es folgen noch viele Fragen. Marga wird sie wie all die anderen Fragen ihrer zahlreichen Briefpartner und Briefpartnerinnen beantworten. Doch die Briefe, die in den nächsten Monaten von Ree von Dahlen kommen, werden sie traurig gemacht haben.

Am 2. Juli 1965 teilt ihr die Regieassistentin mit, daß der Barlachfilm ruht, da der Regisseur schwer erkrankt ist. Ralf Kirsten schreibt mir 1996 dazu, daß am 6. Mai 1965 die Dreharbeiten begannen, am 26. Mai mußte er wegen einer Nierenkolik ins Güstrower Krankenhaus. Später wird er in die Berliner Charité eingeliefert und dort erst am 8. Dezember entlassen. Der Drehstab wurde ins Studio zurückgerufen.

Manchem wurde empfohlen, in dieser Zeit Urlaub zu nehmen, wenn ein Einsatz bei anderen Filmprojekten nicht möglich war.

Positiver klingen die Nachrichten von Ree von Dahlen in ihrem nächsten Brief an Marga. Die Sprachsynchronisation ist endlich fertig. Im Juli 1966 soll der Film der staatlichen Abnahmekommission vorgestellt werden. Der Regisseur bestätigt mir, daß der Film im Januar/Februar 1966 abgedreht wurde. Doch daß nach einer positiven Abnahme 65 Kopien für die Kinotheater geplant sind, wie es Ree von Dahlen Marga mitteilt, bezweifelt Ralf Kirsten. „Der Barlachfilm hatte drei Kopien", schreibt er, „fünf Bezirke haben sich eine geteilt."

Von Ree von Dahlen erfährt Marga, daß die Premiere des Films für die erste Septemberwoche vorgesehen ist. Aber dann kommt alles ganz anders.

Am 4. November 1966 schreibt die Regieassistentin: „Nach dem 11. Plenum der SED gab es ja eine Beschränkung der Kulturarbeit, der auch eine Anzahl von DEFA-Filmen zum Opfer fiel. (Wie viele, wage ich gar nicht zu sagen!) Auch unser Barlachfilm gehört bis jetzt zu denen, die für eine Aufführung nicht freigegeben wurden. Es ist uns allen unverständlich. Von vielen Blickpunkten her, von Barlach gesehen vor allem, aber ganz besonders deshalb, weil es so ein großartiger und wunderbarer Film geworden ist. Wir alle sind sicher, daß das Publikum ihn beglückt entgegengenommen hätte. Es war für mich ein besonders harter Schlag, von dem ich mich nur sehr schwer erhole. Du weißt ja, wie sehr ich gerade an diesem Film hänge – Aber zunächst bleibt nur zu sagen, daß der Regisseur noch mit dem Kulturminister und dem Filmminister darüber verhandeln will – ob es Erfolg haben wird, muß man abwarten." [179]

Von solchen Verhandlungen weiß Ralf Kirsten nichts. „Unser Film war zu dieser Zeit nicht fertiggestellt, nicht vorführbar und damit auch nicht zu verbieten", schreibt er mir. Warum der Film erst Jahre später aufgeführt wurde, vermag er jedoch auch nicht zu sagen.

In Güstrow warten so viele gespannt auf den „Verlorenen Engel". Am 27. Juni 1967 dann endlich ein Hoffnungsschimmer. Die Regieassistentin schreibt, daß das Heimatmuseum, die Barlach-Gesellschaft und die Stadt wegen der verzögerten Aufführung des Films eine Eingabe geschrieben haben. Belege dafür finde ich nicht. Ob Marga ebenfalls auf diesen Film gewartet hat, bezweifelt Ralf Kirsten. „Hatte sie nicht an wichtigere Dinge zu denken", gibt er mir zu bedenken.

Marga wird diesen Film nicht mehr sehen. Die feierliche Premiere findet am 23. April 1971 im Güstrower Theaterkino „Schauburg" statt. In der ersten Filmszene schrillt das Telefon. Marga Böhmer nimmt den Hörer ab. „Ja, bitte? Wer ist denn da? Wer?" Erschüttert fragt Marga: „Nein, nein, wer, wer sind Sie denn? Dann sagt sie zu Barlach: „Den Engel haben sie gestohlen. Diese Nazis."

Die Schauspielerin Erika Pelikowsky spielt Marga Böhmer,

und viele sagen, daß sie in ihrer kleinen Rolle Margas Wesen traf.

Am Tage der Uraufführung ist Marga schon zwei Jahre tot. Ein halbes Jahrzehnt war der Film vergraben. In der „Schweriner Volkszeitung" ist zu lesen, daß die Dreharbeiten Mitte der sechziger Jahre begannen. In anderen Zeitungen wird berichtet, daß der Regisseur den Film 1970 inszenierte. Aber überall wird der Eindruck erweckt, als wäre man gerade noch rechtzeitig zum 100. Geburtstag von Barlach mit diesem Projekt fertig geworden. Ganz anderes ist jedoch am 4. Juli 1971 im „Deutschen Allgemeinen Sonntagsblatt" zu lesen: „Fast sechs Jahre mußten vergehen, ehe ein Film an die Öffentlichkeit gelangte", und weiter heißt es dort: „… Der verlorene Engel schien verlorenzugehen: Vermutlich im Zusammenhang mit Eingriffen der Partei, die mehrere Projekte ihrem repressiven kulturpolitischen Kurs opferte …"

Was mag der Grund gewesen sein, daß man diesen Film so spät zeigte, oder muß man fragen, wie kam es, daß man ihn überhaupt noch zeigte?

Könnte auch die große Resonanz auf die Barlach-Ausstellung zum 100. Geburtstag in Moskau und Leningrad etwas bewirkt haben? In der DDR-Botschaft in Moskau fand die Voraufführung des Films statt. Es wurden Kopien von der UdSSR, der ČSSR, der Volksrepublik Polen und der Ungarischen Volksrepublik bestellt. Von den zahlreichen in der Botschaft anwesenden sowjetischen Künstlern wurde der

Film mit höchstem Lob bedacht. War das der Auslöser dafür, ihn endlich auch im eigenen Land zu zeigen?

Ein neuer DEFA-Film, ein ungewöhnlich packendes Werk – so steht es 1971 in den Zeitungen. Stolz verkündet die „Schweriner Volkszeitung" im Mai, daß 7489 Besucher in 11 Vorstellungen den Film „Der verlorene Engel" gesehen haben. Zum Tag der Premiere in Güstrow sind auch der Regisseur Ralf Kirsten und der Hauptdarsteller Fred Düren angereist. Die örtliche Presse berichtet am 27. April 1971: „Ralf Kirsten bedankte sich am Schluß des Gesprächs für die sehr gute Unterstützung, besonders durch Herrn Friedrich Schult, die staatlichen Organe und die Domgemeinde während der Dreharbeiten in unserer Kreisstadt." Und kein Wort zu Marga?

„Wir haben uns damals bei allen bedankt, die uns geholfen haben", versichert mir der Regisseur. Aber er betont auch noch einmal, daß das Filmteam für sein Vorhaben Konkretes und Faßbares in reichlichem Maß von Friedrich Schult erhielt. Von dem Gespräch im Januar 1965 mit Marga schreibt er mir: „Uns faszinierte, je weiter sich der Abend in die Nacht dehnte, ja bis halb vier in den Morgen, diese Frau. Ihr Leben, ihr Schicksal, ihre Persönlichkeit, gebrochen in den unterschiedlichen Zeitläufen."

Was Marga ihrer Freundin Annalise Wagner wenige Monate nach diesem Abend mitteilt, kann er nicht bestätigen. In diesem Brief vom 17. April 1965 ist zu lesen: *„Die Defa belagert mich schon viele Wochen, sie wollen einen großen*

Barlachfilm drehen. Ich mußte schon mitfahren, um ihnen Barlachs Lieblingswege und Plätze im Heidberg zu zeigen. Sogar auf den Fuchsberg bin ich mit ihnen gestiegen und die kleinen umliegenden Kirchlein besichtigt und den stillen Friedhof, wo Barlach so gern weilte. Wie oft saß ich dort mit ihm an sommerwarmen Tagen zwischen den Grabsteinen! Der Barlach Darsteller soll der beste Schauspieler von Berlin sein, er wird noch am meisten bei mir sein. Was will der alles wissen!" [180]

Lange Gespräche sind für Marga eine Belastung geworden. *„Ich bin so menschenmüde"*, stöhnt sie, und ihrer Freundin teilt sie mit, daß die Filmleute offenbar nicht recht mit Friedrich Schult arbeiten können. *„Er mag sein zusammengetragenes Material auch nicht der Defa preisgeben"* [181], behauptet Marga.

Annalise Wagner reagiert verärgert auf Margas Brief: „Daß die Defa Dich so auslaugt, ist ja leider nichts Neues, weil Du nicht nein sagen kannst. Es sind inzwischen doch genügend Arbeiten über und von E. Barlach herausgebracht, aber vielleicht denken die Interviewer, bei Dir Sensationelles zu hören." [182] Und Annalise Wagner stellt der Freundin die Frage, ob es überhaupt noch wahre Menschen gibt, und sie fleht, daß sie mit ihren Kräften haushalten soll.

Aber Marga kann sich nicht schonen. Sie kann auch Barlachs vor vielen Jahren in einem Brief geäußerten Bitte „Sorg für Dich, so tust Du mir Gut" [183] nicht erfüllen.

Es bleibt ihr keine Zeit, an sich zu denken, und es ist ihr

auch nicht wichtig. „... mir ist nicht wohl ohne Dich" [184], schrieb Barlach in einem seiner Briefe an sie, und auch Marga kann nicht ohne ihn sein. Sie braucht kaum noch Raum für sich. „... behalt mich lieb" [185], hat Barlach sie vor langer Zeit in einem seiner Briefe gebeten. Sie hält bis zu ihrem Lebensende an seinen Worten fest.

IX.

Keine Aussicht mehr

Margas Schritte werden langsamer. Sie sehnt sich nach Ruhe. Immer öfter zieht sie ihren Hut tiefer in die Stirn. Es nützt nichts. Sie wird ja doch erkannt und kommt nicht, ohne die vielen Grüße zu erwidern, durch die Stadt. Es gibt Mütter, die flüstern ihren Kindern danach zu: „Das ist Frau Böhmer." In den Worten ist eine Verbeugung zu spüren. Aber für die Kinder bleibt die alte Dame geheimnisvoll und rätselhaft, weil sie nicht mehr erfahren, als daß diese Frau mit Ernst Barlach zusammengelebt hat und dieser Mann ein großer Künstler war.

Wer Marga Böhmer nicht näher kennt, spricht sie nicht an. Die Mecklenburger halten Distanz zu allem, was ihnen ungewöhnlich und sonderbar erscheint. Eine Frau aus Amerika versucht mir die Güstrower zu erklären. „Viele schweigen noch heute, weil sie Marga damals nicht begreifen konnten. Marga war kein typischer Mecklenburger. Sie war in NICHTS typisch." Ich soll mich nicht wundern, wenn so viele felsenfest behaupten, daß sie Marga Böhmer kannten, und ich soll nicht enttäuscht sein, wenn ich merke, daß die meisten sie nur aus der Ferne sahen.

Verstohlen wurde Marga beobachtet, wenn sie sich bei ihrer Friseuse die seidenweichen Haare ondulieren ließ, wenn sie im „Goldbroiler" ein hartgekochtes Ei für ihr Abendbrot mit

Marga Böhmer,
Aufnahme aus den 60er Jahren

nach Hause nahm oder in der „Mitropa" ein Knöchelchen für den Hund einsteckte. Man sah sie auch im Ratskeller, im „Borwin" und im Café „Küpper", aber man setzte sich nicht einfach an ihren Tisch.

Die wenigsten Güstrower ahnen Ende der 60er Jahre, wie schlecht es Marga geht. Sie ist nun über 80 Jahre alt. „Frau Böhmer wirkte immer so gedankenverloren", erzählen mir viele, die Marga nur in ihren letzten Lebensjahren sahen. Und zu hören ist noch immer, daß schließlich alle Künstler etwas sonderbar sind. „Frau Böhmer soll ja auch eine Künstlerin gewesen sein", sagen Einheimische, und sie versichern, daß das nicht nur an der Art, wie sie sich kleidete, zu spüren war, an ihren ausgefallenen Hüten und eigenwilligen Kostümen, sondern auch daran, wie sie ging und sprach. „Sie strahlte etwas ganz Besonderes aus, aber in Worte fassen kann ich es nicht", sagt mir eine ältere Frau.

Über die letzten Lebensmonate von Marga erfahre ich nur von wenigen Menschen Konkretes. In vielen Erinnerungen schwingt Ratlosigkeit mit. „Ich wußte wirklich nicht, wie ich ihr helfen konnte", erzählt eine Güstrowerin, „ich hätte den Berg Wäsche einfach mitnehmen sollen. Aber Frau Böhmer war ja so eigensinnig. Sie nahm keine Hilfe an, nicht bei der Wäsche und nicht im Haushalt, dabei tat es dringend not."

Daß es nicht einfach ist, Marga in dieser Zeit zu betreuen, erleben drei Menschen, die aus beruflichen Gründen täglich in der Ernst-Barlach-Gedenkstätte sind und im Laufe der Jahre für Marga zu vertrauten Gesprächspartnern werden. Das

Ehepaar Blaschke vom Heimatmuseum und Anna Dethloff, eine Museumsangestellte, stehen jedoch auch vor der Frage, wie sie helfen sollen, wenn diese Hilfe nicht erwünscht wird. Keiner von ihnen will Marga, die eine alte und kranke Frau ist, bedrängen. Die Post stapelt sich auf ihrem Tisch. Marga erinnert sich nicht mehr an Verabredungen, beantwortet keine Briefe mehr. Sie ißt kaum noch. Niemand kann sie überzeugen, sich von einem Arzt untersuchen zu lassen, und in ein Krankenhaus will sie schon gar nicht. Sie wird bis zu ihrem Ende nicht von der kleinen Kapelle fortwollen. Hier sind ihre Wurzeln. Aber immer öfter fragen sich alle, die täglich für sie da sind, wie es weitergehen soll.

Aufgeregt schreibt am 2. März 1969 Elisabeth Kaehler-Blauert an Annalise Wagner: „... weil ich weiß, daß Frau Böhmer Ihre Freundin ist, und wenn Sie etwas Zeit haben, kommen Sie doch noch mal bald nach Güstrow." [186] Ob die Freundin die Reise angetreten hat, weiß ich nicht. Es ist jedoch nicht anzunehmen, weil wir dann aus der Feder von Annalise Wagner von diesem Besuch erfahren hätten.

Immer öfter schließt sich Marga in dieser Zeit selbst ein. Anna Dethloff, die auch schon eine siebzigjährige Frau ist, kostet es Mühe, Marga zu befreien. Sie ist Kassiererin in der Barlach-Gedenkstätte und führt dort auch die Aufsicht. In ihrer Freizeit wird sie nun immer öfter für Marga Einkäufe erledigen. Die einfache Frau traut sich nicht, Frau Böhmer um das so manches mal verauslagte Geld zu bitten. Mit ihrem Mann, der Rentner ist und ihr bei vielen Arbeiten hilft, wohnt sie in dem Haus kurz vor dem Tor zur Gertrudenkapelle. Oft klingelt Marga Anna Dethloff noch spät abends heraus, wenn sie nach einem Spaziergang ihren Schlüssel nicht mehr findet. Anni ist ja immer da. Und wenn Marga Erinnerungen quälen, flüchtet sie auch zu ihr. All das Schreckliche, was sie und so viele andere Frauen 1945 erlebten, die Gewalt gieriger und durch den Krieg verrohter und verbitterter Soldaten, kehrt in Margas Nächte zurück. Die Bilder von den Menschen, die sich in ihren Häusern erschossen haben, sich auf ihren Dachböden erdrosselten oder sich im Inselsee ertränkten, sind wieder da. Die toten Kinder sehen aus, als ob sie schlafen. Marga hält es nicht mehr in ihrem Zimmer aus. Aber sie bleibt nicht lange fort. Immer öfter wird sie behaupten, daß jemand während ihrer Abwesenheit in ihrem Zimmer war. *„Ich habe mir Zeichen gemacht"*, versichert Marga ihren Freundinnen. Sie fühlt sich beobachtet, kontrolliert und verfolgt. Die Angst, daß man Barlachs Werke raubt, ist wieder da, und diese Angst kann ihr keiner nehmen.

Geblieben ist ihr nur das Hoffen auf die ersten wärmenden Sonnenstrahlen. Sie hat es in all den letzten Jahren immer wieder erlebt. Alles wird besser, alles wird wieder gut, wenn die Sonne scheint. Aber der Frühling will nicht kommen, und diesmal sind nicht nur das Herz, die Bronchien, die Lunge und die Nieren krank.

„Anna Dethloff läßt kaum noch Besucher zu Marga", lese ich in Briefen aus der damaligen Zeit. Die nicht eingelassen wurden, schreiben Marga, daß sie über ihre strenge Bewacherin, über die Schließerin, den dortigen Zerberus empört sind. Sie werden nicht gewußt haben, daß Marga Anni gebeten hatte, sie vor unnötigen Besuchern zu schützen. Anna Dethloff nahm diese Bitte sehr ernst. Wenn sie glaubte, daß Marga sich gut fühlte und Fremde ihr versprachen, nur kurz zu bleiben, und versicherten, daß ihr Besuch Frau Böhmer erfreut, wurden sie nicht abgewiesen. Berichtet wird davon in einer Veröffentlichung der Ernst Barlach Gesellschaft an ihre Mitglieder und Freunde zur Jahreswende 1969/70. Eine Frau namens Ingeborg Tieth erzählt hier von ihren Begegnungen mit Marga Böhmer in ihren letzten Lebensmonaten. Obwohl eine zeitliche Angabe fehlt, ist zu vermuten, daß es sich um ein Treffen im Februar 1969 handelt.

Zehn Jahre sind vergangen, seitdem Ingeborg Tieth in der Gertrudenkapelle war. Sie ist enttäuscht, daß Marga sich nicht mehr an die Begegnung mit ihr vor 10 Jahren erinnern kann. Doch Marga empfindet aus ganz anderen Gründen eine Zuneigung zu ihrer Besucherin. Sie glaubt, daß der „Meister" ihr diese Frau geschickt hat. Ganz offen spricht sie deshalb über ihre Ängste. Sie fühlt Barlachs Werke in Gefahr. Marga hofft, daß diese Frau ihr helfen wird.

Erst als Ingeborg Tieth es ihr versprochen hat, wird Marga ruhiger und kann nun auch über anderes sprechen. Sie erzählt, wie sehr sie sich der reformierten Kirche verbunden fühlt, deren Gottesdiensträume kein Altar schmückt und kein Bild Gottes. Ihr Gespräch setzen die beiden Frauen im Hotel

„Stadt Güstrow" fort, denn in der Gertrudenkapelle ist es kalt. Die Gasheizung wird gerade repariert. Marga tut die wohlige Wärme, der heiße Kaffee gut. Sie erinnert sich an jede Einzelheit der ersten Begegnung mit Barlach in diesem Haus. Vertrauensvoll sprechen die beiden Frauen über das, was sie bewegt, über das naive und bedeutende Erleben, über Geburt und Wiedergeburt. *„Über ihre Wiedergeburt erzählen Sie das nächste Mal"*, bittet Marga. *„Das möchte ich wissen."*

Doch beim nächsten Besuch, am 13. März 1969, erscheint Marga Ingeborg Tieth als vollkommen veränderte Greisin. „Sie hatte von innen abgeschlossen und war wohl aus Träumen aufgeschreckt durch mein Klopfen", erinnert sich Ingeborg Tieth. „Jedenfalls war sie ganz verwirrt und konnte den Schlüssel nicht finden. Es war eine erregende Viertelstunde für alle Beteiligten, die Schließerin der Gertrudenkapelle, Besucher der Ausstellung aus Neubrandenburg, für mich und in erster Linie natürlich für die arme Frau Böhmer, die nun gegen viele Verdacht äußerte und sich verfolgt fühlte." [187]

Ingeborg Tieth wird von Marga nicht freundlich begrüßt, sondern wie ein Eindringling behandelt. An den Namen dieser Frau kann Marga sich überhaupt nicht mehr erinnern, aber dann beginnt sie das Gesicht der Besucherin zu analysieren und vor allen Dingen die Ohren. Sie fixiert ihr Gegenüber, als könnte sie dadurch Unsichtbares, Unhörbares wahrnehmen. *„Finden Sie es nicht schön, Mystikerin zu sein?"* fragt Marga die Frau, die ihr nun nicht mehr fremd ist. Ingeborg Tieth antwortet: „Man ist, was man ist, man kann es sich nicht aussuchen." Sie verspricht Marga, in 14 Tagen wieder zu kommen. Doch Marga bittet um einen früheren Besuch. Ahnt sie, daß ihr nur noch wenige Tage bleiben?

Am 21. März 1969 ist Ingeborg Tieth noch einmal in der Gertrudenkapelle. Anna Dethloff bittet sie eindringlich, nur kurz zu bleiben. Ingeborg Tieth ist über Margas Aussehen zutiefst erschrocken. „Sie hockte in ihrer Bettnische fast wie ein zeitloses Fabelwesen, uralt .... Mühsam versuchte sie aufgerichtet zu bleiben ..." Marga sagt: *„Den Namen habe ich vergessen, aber ihr gutes, liebes Gesicht kenne ich immer."* [(188)] Vorsichtig fragt die Besucherin, ob Marga sich nicht von ihrem Sohn, der Arzt ist, untersuchen lassen will. Marga lehnt das ab. Doch so schnell gibt Ingeborg Tieth nicht auf. Im Frühjahr will sie Marga mit dem Auto in ihren Garten holen, „wo sie unter der 800jährigen Eiche die Sonne sehen, die Vögel singen hören und Erholung finden ..." kann. *„Schöne Aussichten"*, antwortet Marga. Das sind die letzten Worte, die Ingeborg Tieth von Marga hört. Beim nächsten Besuch wird Anna Dethloff ihr sagen, daß sie zu spät gekommen ist.

Marga ist tot.

Das wärmende Frühjahr hat sie nicht mehr erlebt. Die letzten Tage, die ihr blieben, waren kalt. Das Thermometer zeigte nur wenige Grad über Null. In einer dieser kalten Märznächte hat Marga die Kapelle verlassen. Sie geht zu einer Freundin in die Stadt. Die Freundin hat ihr Klopfen nicht vernommen. Niemand weiß, wie lange Marga vor der Tür hockt. Es ist eine lange, kalte Nacht für sie. Der später herbeigerufene Arzt diagnostiziert eine Lungenentzündung. Anna Dethloff gibt Marga täglich die Medizin und schaut mehrmals am Tag und in der Nacht nach ihr. Am 25. März ruft sie beim Ehepaar Blaschke an. „Frau Böhmer geht es schlecht, sehr schlecht." Als die beiden kommen, ist Marga bereits tot. Auf dem Foto von ihrem Sterbelager stützt sie ihren Kopf auf die kleine geballte Faust, so als ob er ihr in den letzten Minuten zu schwer geworden wäre.

„Wisse, Du, Du, Du, daß ich mit Bitterkeit bedenke, daß Du da so allein bist und hilflos" [189], schrieb Barlach ihr in einer Zeit, in der sie sich schon so nah waren und doch noch nicht zusammensein konnten.

Mit welchen Bildern der Erinnerung schlief Marga für immer ein? Fühlte sie, daß Barlach sie nun wieder in seine Arme nahm?

In einem Telegramm vom 27. März 1969, 21.00 Uhr, an den Vorsitzenden der Ernst Barlach Gesellschaft steht: „Marga gestern abend eingeschlafen. Trauerfeier Montag 9.30 Uhr Gertruden Beisetzung, Urne Ratzeburg." Unterschrieben ist diese Nachricht mit Kegebein. Nach diesem Schreiben ist das Todesdatum der 26. März. Doch in der „Schweriner Volkszeitung" ist in der Ausgabe vom 29./30. März zu lesen: „Am 25. März 1969 verstarb die Lebensgefährtin und Mitarbeiterin Ernst Barlachs in Güstrow Frau Marga Böhmer im 82. Lebensjahr."

Die kleine Annonce vom Rat der Stadt Güstrow ist eingebettet in große Glückwunschanzeigen zur diesjährigen Jugendweihe. Am 1. April berichtet „Die Welt" von ihrem Tod. Die letzten beiden Sätze der sehr kurzen Meldung lauten: „Merkwürdigerweise trägt Barlachs Figur ‚Mutter Erde' Marga Boehmers Züge. Diese Plastik entstand viele Jahre vor seiner Begegnung mit dieser außergewöhnlichen Rheinländerin."

Margas Nichte erfährt am 8. April aus dem „Wuppertaler Generalanzeiger" vom Tod ihrer Tante. Vier Tage später schreibt sie an das Amtsgericht Güstrow, daß sie schon seit einem Jahr große Mühe hatte, Nachricht von ihr zu bekommen: „... es gelang mir in letzter Zeit nur mit Hilfe eines Postrückantwortscheines, den sie persönlich unterschrieb, wenn meine Sendungen angekommen waren", und weiter schreibt Margas Nichte: „Ich wäre Ihnen dankbar, wenn Sie mir den genauen Todestag nennen könnten."

Nur kurz ist die Information an die Mitglieder des Vorstandes und des Beirates der Ernst Barlach Gesellschaft: „Marga Böhmer, die Lebensgefährtin Ernst Barlachs, ist am 25. März 1969 in Güstrow in der Gertrudenkapelle entschlafen. Ihr blieb die Verlegung in eine Anstalt erspart. Ihrem Wunsch entsprechend, soll die Urne, die inzwischen nach Ratzeburg gekommen ist, in der Barlach-Grabstätte beigesetzt werden. Nach Rücksprache mit Herrn Nikolaus Barlach

211

und der Friedhofsverwaltung soll die Beisetzung am Sonnabend, dem 9. August, vorm. 11 Uhr auf dem Neuen Friedhof in Ratzeburg erfolgen. Wir würden uns über Ihre Teilnahme an der kurzen Gedächtnisstunde freuen und treffen uns vielleicht anschließend im ‚Alten Vaterhaus'."

Zur Jahreswende 1969/1970 können die Mitglieder und Freunde der Barlach-Gesellschaft aus einer Vereinszeitschrift mehr über die Frau an Barlachs Seite erfahren. Veröffentlicht sind dort die in Güstrow gehaltene Trauerrede und die Erinnerungen zweier Frauen an ihre Begegnungen mit Marga Böhmer.

Wie Marga in der letzten Zeit gelebt hat, erfahre ich bei meinem Besuch beim ehemaligen Güstrower Dompredigers Erich Michaelsen. Doch noch genauer ist alles festgehalten in einem Brief, den er am 18. April 1969 an Harmsen schrieb: „Die letzten Monate von Frau Böhmer waren wirklich sehr schwer, vor allem durch die Einsetzung der Gehirnverkalkung, die allerlei depressive Zustände mit sich brachte. So war es sehr schwer, zu Frau Böhmer vorzudringen, nur ganz wenige vertraute Freunde wurden vorgelassen. U. a. kümmerte sich unsere Kirchenälteste Frau Dr. Schlichting um das leibliche Wohl, zuletzt gelang es auch unserer Gemeindeschwester, noch zu den notwendigsten Dingen der Pflege hineinzukommen. Es will schon etwas heißen, wenn die alte Diakonisse erschüttert ist. Es muß wirklich ein Zustand schweren geistigen und körperlichen Verfalls gewesen sein, in dem Frau Böhmer sich befand, so daß wir nur alle dankbar sein können, daß sie nicht mehr so lange auf ihren Heimgang zu warten brauchte." [190]

Erwähnt werden in diesem Brief auch Anna Dethloff und das Ehepaar Blaschke, die Marga in der letzten Zeit sehr beistanden.

„Es war nur eben alles so erschwert", schreibt der Domprediger, „daß sie sich persönlich so abkapselte, während sie andererseits in der letzten Zeit auch von einer gewissen, unbewußten Angst getrieben, versuchte, unter Menschen zu gehen." [191]

Über die weitere Entwicklung der Dinge, insbesondere über Entscheidungen hinsichtlich ihres Nachlasses, kann der Domprediger dem Geschäftsführer der Barlach-Gesellschaft keine Auskünfte geben, aber er hofft, daß man sich der kulturellen Bedeutung der Gedenkstätte voll bewußt ist und sich an einer würdigen Erhaltung und Gestaltung von Gertrauden nichts ändern dürfte.

Dieser Brief ist im April 1969 geschrieben. 18 Tage nach der Trauerfeier in der Gertrudenkapelle. Über hundert Menschen kamen, um von Marga Böhmer Abschied zu nehmen. Es soll nicht einfach gewesen sein, die Genehmigung für eine Trauerfeier in der Gedenkstätte zu erwirken. Der Sarg steht inmitten der Werke Barlachs. Das Seeliger-Quartett des Philharmonischen Orchesters Rostock spielt Mozart. Domprediger Michaelsen schreibt in seinem Brief an den Geschäftsführer der Barlach-Gesellschaft, daß von den Anwesenden bedauert wurde, daß keine christliche Andacht stattfand. Trost für ihn war, daß die stille Predigt der „Barlachschen Gestalten" von niemandem zu überhören war.

„Wer Ohren hat zu hören, der höre." Wäre eine christliche Andacht wirklich Margas Wunsch gewesen? Ich zweifele bis zum Frühjahr 1996 daran. Dann aber erhalte ich Post von einem ehemaligen Pastor der evangelisch-reformierten Kirche aus Bützow. Er versichert mir, daß Marga sich der reformierten Kirche zugehörig fühlte. Doch eine christliche Trauerfeier für sie war ausgeschlossen, denn gleich nach Margas Tod erhielt Pastor Galle einen Anruf. Die Ortsgruppe des Kulturbundes, dessen Mitglied Marga war, teilte ihm mit, daß der Kulturbund die Trauerfeier durchführen werde, und das bedeutete damals den Ausschluß jeglicher Beteiligung der Kirche. Trotzdem wendet sich Pastor Galle mit einem Schreiben an die Bezirksleitung des Kulturbundes. Auch dort weist er auf den Bekenntnisstand der Verstorbenen hin und betont noch einmal die Berechtigung und Verpflichtung zu einer kirchlichen Trauerfeier. Doch auch dieser Brief ändert nichts.

An ihrem Sarg spricht Horst Bastian vom Arbeitskreis zur Pflege des Barlach-Werkes im Deutschen Kulturbund. Er und Bernhard Blaschke haben die Rede geschrieben. Die „Worte zum Abschied" sind herzlich und zeugen von der großen Kenntnis dieser Männer über das Leben von Marga. Es werden die Werke von Barlach erwähnt, an deren Vollendung Marga einen wesentlichen Anteil hatte. Erinnert wird an die Zeit des Faschismus, in der sie Schmutz, Niedertracht und

Haß von Barlach fernhielt. Erwähnt wird, daß nur wenige ihre Barlachporträts kennen. Zu erfahren ist, daß Marga viele ihrer Arbeiten zerstörte, weil sie sich selbst so strenge Maßstäbe setzte. Von den scheelen Blicken wird erzählt, die sie in Kauf nehmen mußte, als sie zu den ersten Mitgliedern der Gesellschaft zum Studium der Kultur der Sowjetunion und des Kulturbunds zur demokratischen Erneuerung Deutschlands zählte. Auch von ihrer großen Gastfreundschaft und von ihrer Diskussionsfreudigkeit wird an diesem Tag gesprochen. Versichert wird an ihrem Sarg, daß Ernst Barlachs und ihr Werk in guten, festen Händen ruht. Damals ahnte noch niemand, daß sich das einmal ändern könnte.

Erst vier Monate nach der Trauerfeier in Güstrow ist die Urnenbeisetzung in Ratzeburg. Zwei Beerdigungen gibt es an diesem Tag in der kleinen Stadt. Ein großes Gefolge für Adolf Friedrich Herzog zu Mecklenburg-Schwerin. Eine kleine Schar nimmt Abschied von Marga Böhmer. Nun ruht sie an der Seite von Barlach. Ob es auch ihr Wunsch war, namenlos an seiner Seite begraben zu sein, bezweifeln viele.

Am 25. Oktober 1969 wird Marga noch einmal den Güstrowern in Erinnerung gerufen. Nein, ihr Name wird in der kleinen Anzeige nicht erwähnt. Dort steht nur „Div. Hausratsgegenstände (Geschirr, Damenbekleidg, Dekostoffe, Handtaschen, kunstgewerbliche Gegenstände), preiswert von 1.– bis 100.– M, zu verkaufen. Der Verkauf findet am Sonnabend, dem 25. Okt. 1969, um 10.00 Uhr in den oberen Räumen der Gertrudenkapelle, 26 Güstrow, statt".

Monate haben Bernhard Blaschke und eine Frau vom Rat des Kreises gebraucht, um den umfangreichen Nachlaß zu ordnen und alles aufzulisten. Wie auch bei anderen staatlich verwalteten Nachlässen werden persönliche Dinge, wie Kleider, Hüte, Taschen, Töpfe und vieles mehr der Bevölkerung zum Kauf angeboten. Zu solchen Haushaltsauflösungen gehen alte Menschen aus Neugier, und junge Menschen hoffen, daß sie billig zu etwas Altem kommen. Viele kommen am 25. Oktober in die Gertrudenkapelle. Aber ich finde 1996 niemanden mehr, der mit mir über diesen Tag sprechen will. Es melden sich auf meine in der Zeitung veröffentlichte Suche nach Zeitzeugen nur Güstrower, die mir alle versichern, daß sie dort niemals hingegangen wären. „Um sich an Marga Böhmer zu erinnern, bedarf es keiner Gegenstände", sagt eine Güstrowerin. Andere zeigen mir erst nach mehrmaligen Besuchen in ihren Wohnungen, was ihnen Marga schenkte. Die Plastik „Hockende Mutter mit Kind", das Relief „Zwei Kinderköpfe", Erinnerungsbilder an Barlach und Plastiken von Katzen. Diese Geschenke waren ein Dankeschön für Nägel, für Holz, für Kohle, für lange, gute Gespräche und für Freundschaft und Zuneigung, erzählt man mir. Nun sind sie Erinnerungen von unschätzbarem Wert. Eine Berührung wird mir nicht immer erlaubt.

Nicht nur die persönlichen Geschenke erinnern an Marga. Wer sie noch kannte, schließt in seine Gedanken an Barlach, beim Sprechen über sein Leben und sein Werk stets Marga Böhmer mit ein. Zum 100. Geburtstag von Marga, am 3. No-

Ecce Homo, Stukkorelief
von Marga Böhmer, 1938

vember 1987, widmet das Heimatmuseum der Stadt Güstrow
ihr eine Sonderausstellung, zu der über 1000 Besucher
kommen. Für den Nachmittag werden alle zu einem Treffen
eingeladen, die mit Marga Böhmer in irgendeiner Weise in
Berührung kamen. Diese Einladung wird 1994, zu ihrem
25. Todestag, diesmal von der Ernst-Barlach-Stiftung, wiederholt. Es werden immer weniger Menschen, die noch von einer
Begegnung mit ihr erzählen können. Kurze Angaben zu
Margas Leben sind in der Gertrudenkapelle erst ab Ende der

achtziger Jahre zu finden. Zu verdanken ist die Ausstellung dieser Kurzbiographie Manfried Scheithauer, der von 1987 bis 1992 als Abteilungsleiter in der Gertrudenkapelle arbeitet. Schon kurze Zeit nachdem er dort diese Tätigkeit nicht mehr ausüben kann, werden diese Angaben und Margas einzige ausgestellte Arbeit, das Relief „Sterbender Barlach" (1939), nicht mehr zu sehen sein.

Ihre Kapellenwohnung ist zu einem Büro geworden. Nur die alten Möbel und die Bücher erinnern noch an sie. Im Ausstellungsraum der Gertrudenkapelle hängen einige ihrer Barlachskulpturen. Alles andere, was einmal ihren Wohnraum schmückte, ihre eigenen Kunstwerke und die vielen Geschenke von Barlach an sie werden in einem Magazin verwahrt.

Den Namen Marga Böhmer kennen die wenigsten Besucher der Barlach-Gedenkstätten. Viele junge Menschen aus Güstrow sagen, daß sie von dieser Frau noch nie etwas gehört haben.

Ehemaliger Wohnraum Marga Böhmers
in der Gertrudenkapelle in Güstrow

X.

Für einander da sein

Im Frühjahr 1995 berichten in ganz Deutschland Zeitungen, Rundfunk- und Fernsehsender von Marga Böhmer und daß ihr Nachlaß nicht mehr in Güstrow ist.

Was ist geschehen?

Seit dem 3. Oktober 1990 ist es dem Erben möglich, über sein Eigentum zu verfügen. 1992 nimmt er Verbindung zum Kultusministerium auf und erfährt von dort, daß es gemeinsames Anliegen des Landes Mecklenburg-Vorpommern und der Barlach-Erben ist, den Gesamtbestand des Barlach-Nachlasses in Güstrow über eine Stiftung der Öffentlichkeit dauerhaft zu erhalten, und daß auch Interesse besteht, die Nachlaßbestände Marga und Bernhard Böhmers in die Stiftung aufzunehmen.

Wenige Monate später werden durch das Kultusministerium die Nachlässe von Ernst Barlach, Marga Böhmer und Bernhard Böhmer zum national wertvollen Kulturgut erklärt.

Ende des Jahres 1993 kommt es nach langen und schwierigen Verhandlungen zur Gründung der Ernst Barlach Stiftung.

Der Stiftung gehören neben dem Land, dem Kreis und der Stadt auch die Barlach-Enkel an. Durch Mittel des Bundes, des Landes und der Kulturstiftung der Länder bleibt Barlachs Nachlaß an den historischen Stätten, im Atelierhaus am Heidberg und in der Gertrudenkapelle, erhalten. Auch Teile aus dem Bernhard-Böhmer-Nachlaß kauft die Stiftung.

Wunsch des Erben von Marga Böhmer ist es, daß die Ernst Barlach Stiftung den Marga-Böhmer-Nachlaß geschlossen übernimmt, und er so dem Land und damit der Öffentlichkeit erhalten bleibt. Doch seine jahrelangen Bemühungen, darüber zu verhandeln, führen zu keinen Ergebnissen. Auf seine als Drohung gedachte Absicht, den Nachlaß versteigern zu lassen, wird dem Erben versprochen, daß sich die Barlach-Enkel mit ihm in Verbindung setzen. Aber auch das geschieht nicht.

Doch am Erwerb des gesamten Marga-Böhmer-Nachlasses scheinen die Stiftung und das Kultusministerium zunächst kein Interesse zu haben. Es befinden sich in diesem Nachlaß u. a. 20 Plastiken, über 40 Zeichnungen und Druckgraphiken von Barlach, die er Marga Böhmer geschenkt hatte. Weiterhin 50 Plastiken und Zeichnungen von Marga selbst, dazu Briefe und Schallplatten und eine umfangreiche Bibliothek.

1994/95 wird ihm schließlich mitgeteilt, daß für den Erwerb des gesamten Nachlasses die finanziellen Mittel nicht zur Verfügung stehen und man nur am Erwerb einzelner Arbeiten von Barlach interessiert ist.

Daraufhin entschließt sich der Erbe schweren Herzens seine Drohung zur Versteigerung des Nachlasses wahr zu machen. Anfang des Jahres 1995 wird der Marga-Böhmer-Nachlaß in das Kunsthaus Lempertz nach Köln gebracht.

Zufällig erfährt ein Journalist des „Güstrower Anzeigers"

davon. Die Schlagzeile „Marga Böhmers Erbe verläßt Güstrow" verbreitet sich wie ein Lauffeuer in der kleinen Stadt.

Wenige Tage nach dieser Nachricht treffen sich in Güstrow fünf engagierte Menschen, die diese Tatsache nicht hinnehmen wollen. Zu ihnen gehören Mathias Ebert, Dr. Anneliese Klug, Dr. Hans-Jürgen Klug, Carlotta Raum und Ditte Clemens.

Sie setzen ein Schreiben auf und schicken es an über 150 Persönlichkeiten im Lande und außerhalb Mecklenburg-Vorpommern, informieren über die drohende Versteigerung des Nachlasses und bitten um Unterstützung für eine Intervention bei der Landesregierung. Sie gründen die Initiativgruppe Marga-Böhmer-Nachlaß, organisieren Benefizkonzerte und bitten um Spenden für den Erhalt des gesamten Nachlasses in Güstrow.

In Leserbriefen an die Zeitungen, in Schreiben an die Regierung fragen immer mehr Menschen, ob wirklich alles getan wurde, damit der Nachlaß in seiner Gesamtheit nicht verloren geht. Bei der Landesregierung treffen unzählige mahnende, flehende, appellierende und verzweifelte Briefe ein. Es schreiben Menschen aller Altersgruppen und Schichten. Der Grundtenor aller Briefe ist, daß der gesamte Nachlaß dem Land erhalten bleiben muß.

Die Beteuerung, daß die Barlach-Stiftung auf der Auktion am 9. Juni 1995 versuchen will, die für sie wichtigsten Werke zurückzuholen, ist für viele kein Trost, sondern das eigentlich Unfaßbare, denn sie erinnern sich noch gut an Margas Worte.

„Möge die Stadt immer stolz auf ihren einzigen schlichten Bürger und genialen Künstler Ernst Barlach sein und möchte sie sich schützend hinter ihn und sein Werk stellen" [(192)], bat sie 1953 zur Eröffnung der Gertrudenkapelle als Gedenkstätte. Nun sollen bedeutende Arbeiten von Barlach Güstrow verlassen und zudem alles, was an eine Frau erinnert, die mit ihm lebte und bewahrt hatte, was er ihr anvertraute.

Je näher der Tag der Versteigerung rückt, um so größer ist die Aufregung bei so vielen. Was alles in diesen vier Monaten geschieht, was die Menschen in der Stadt, im Land und weit über die Grenzen des Landes hinaus aufwühlt, ist in einer Vielzahl von Presseberichten festgehalten.

Am 5. Mai meldet sich Altbundeskanzler Helmut Schmidt in einem Artikel in der „Zeit" zu Wort. „Müssen wirklich Gipsmodelle, Zeichnungen, Terrakotten, Bronzen, Briefe — müssen wirklich alle diese Zeugnisse in vielerlei Hände verteilt und damit dem allgemeinen Publikum unzugänglich gemacht werden?" schreibt er, und er fragt auch, ob es wirklich erträglich wäre, „wenn jetzt eine der kulturellen Nischen der alten DDR von reicheren westdeutschen Brüdern oder Schwestern leergekauft würde?" Sein Artikel trägt die Überschrift „Nicht zerreißen, was zusammengehört!" Marga Böhmer nennt er eine einzigartige Frau.

Doch alles sieht so aus, als gäbe es für den Nachlaß keine Rettung mehr.

In letzter Minute signalisiert das Kultusministerium dem Erben, daß man bereit und in der Lage ist, den Nachlaß vollständig zu erwerben. Am 9. Mai 1995 verkündet auf einer Pressekoferenz in der Gertrudenkapelle die Kultusministerin des Landes, Regine Marquardt: „Ich bin außerordentlich froh und erleichtert, daß ich Ihnen heute mitteilen kann, daß der Verbleib des Marga-Böhmer-Nachlasses in Mecklenburg-Vorpommern nunmehr gesichert ist."

Freudentränen bei so vielen, die diese Worte hören. Politiker des Landes, der Stadt und des Kreises und auch der Geschäftsführer der Ernst Barlach Stiftung versichern, daß das von Anfang an ihr Wunsch gewesen sei.

Für das Kunsthaus Lempertz und seinem Inhaber Prof. Henrik Rolf Hanstein war es kein leichter Entschluß, nunmehr auf Wunsch des Erben die bereits vorbereitete Versteigerung zurückzuziehen. Das hat es in der 150 jährigen Geschichte seines Hauses noch nie gegeben. In einem Schreiben, das den bereits gedruckten 6 000 Auktionskatalogen nun zugefügt wird, bittet das Kunsthaus Lempertz um Verständnis bei allen Kunstsammlern, die großes Interesse an den Werken bekundet hatten.

Der Nachlaß ist gerettet. Bevor er nach Hause zurückkehrt, zeigt ihn das Kunsthaus Lempertz in seinem Berliner Büro und danach in Köln.

Am 29. September 1995 öffnet die Ausstellung des Nachlasses im Güstrower Atelierhaus. Außer Politikern des Landes, des Kreises und der Stadt und dem Erben ist auch Alt-bundeskanzler Helmut Schmidt gekommen.

Von einem Tag der Genugtuung für ihn und für alle, die sich für Marga Böhmer eingesetzt haben, spricht der Erbe.

„Ich freue mich", sagt er, „daß sich die Situation, die mich in den ersten Jahren bedrückt hat, nun völlig geändert hat."

Und er bittet den Vorsitzenden des Vorstandes der Ernst Barlach Stiftung und die Kultusministerin, dafür zu sorgen, daß alles so bleibt, wie es besprochen wurde. Nur Eingeweihte wissen, daß der Erbe eine Gedenktafel für Marga Böhmer an der Gertrudenkapelle vorgeschlagen hat, und daß er gleich etwas sehr Wertvolles übergeben wird.

Es sind Briefe von Ernst Barlach an Marga Böhmer. Unbesehen lagen sie 26 Jahre in Güstrow.

Diesem Geschenk hat er noch weitere Originalbriefe aus dem Besitz seiner Familie hinzugefügt. Sein Wunsch ist es, daß diese wertvollen Zeugnisse nicht nur in Ehren gehalten, sondern auch möglichst bald wissenschaftlich ausgewertet werden.

Bereits wenige Tage später sieht es so aus, als ob dieser Wunsch schon bald in Erfüllung gehen wird. Am 19. Oktober ist in der „Ostsee-Zeitung" zu lesen, daß die Briefe nun für die Wissenschaftler der Ernst Barlach Stiftung von besonderem Interesse sind. Und der Geschäftsführer der Stiftung fügt hinzu, daß man bisher davon ausging, daß Barlach nur aus sich selbst schöpfte. „Aber wer kann das sicher sagen? Frau Böhmers Einfluß ist noch nicht erforscht."

Am 25. März 1996, dem 27. Todestag von Marga, wird an der Gertrudenkapelle eine Gedenktafel mit folgendem Wortlaut angebracht:

Diese Tafel erinnert an
MARGA BÖHMER
geb. Graeber
3. November 1887–25. März 1969
Lebensgefährtin Ernst Barlachs
Sie hatte wesentlichen Anteil an der Errichtung
dieser Gedenkstätte im Jahre 1953.
Ihrem selbstlosem Einsatz ist es zu danken, daß der
Wunsch Barlachs, an diesem würdigen Ort seine
Werke ausgestellt zu wissen, in Erfüllung ging.

Gertrudenkapelle in Güstrow,
Aufnahme von 1995

Unter der bronzenen Tafel sind an diesem kalten Tag zwei zarte Krokusse aufgeblüht. Sie stehen eng beieinander. Nach langer Zeit gehen wieder Besucher die steile Treppe zu Margas Wohnung hinauf, die jetzt als Gedenkstätte eingerichtet ist. In ihrem Zimmer ist es jetzt so warm, wie sie es nie hatte. Eine ältere Frau erzählt, daß es fast so aussieht, wie es damals hier war – das gestreifte Geschirr in dem alten Schrank, der Tisch mit den Delfter-Kacheln, die uralte Eichentruhe. Das Licht tanzt durch die schmalen Kapellenfenster und hüllt alles in einen warmen Schein. Margas und Barlachs Kunstwerke stehen so nah beieinander, wie sich diese beiden Menschen in ihren Herzen waren. In diesem Zimmer erzählte Marga so vielen von Barlach. Sie war sich ganz sicher, daß er sie nach ihrem Tod in seine Arme nehmen wird. Nichts kann sie trennen.

„Es geht mir erst besser, wenn ich bei Dir gewesen bin, von Dir komme, von Dir gelebt habe, durch Dich gefühlt habe" [193], schrieb Barlach ihr vor fast siebzig Jahren.

Er nahm ihre Liebe wie ein Geschenk von Göttern an. Sein Traum, zu lieben und geliebt zu werden, erfüllte sich für ihn durch sie.

Von einem Foto in der kleinen Wohnung in der Kapelle schaut Marga Böhmer uns mit ihren dunklen, wachen Augen an.

„Man nimmt so viel Trost und Ruhe mit, wenn man eine zeitlang in Deiner Nähe war, und das ist ein so seltenes Geschenk in dieser vom Hasten und Jagen zerrissenen Zeit, in der ganz selten noch einer für den anderen da ist" [194], schrieb eine Freundin vor über dreißig Jahren an Marga.

Auch uns ginge es besser, rückten wir etwas näher an sie, an ihre bedingungslose Liebe heran.

Nachbemerkung des Verlages

Das letzte Kapitel ist geprägt durch die Erfahrungen der Autorin bei der damaligen Mitarbeit in der Initiativgruppe und durch die Informationen des Erben des Marga-Böhmer-Nachlasses.

In diesem gedrängten Bericht aus dem Zeitraum vom Januar bis Juni 1995 ging es der Autorin vorwiegend darum, darzustellen, daß erst durch den Aufruhr vieler Menschen, der Wert der Leistungen Marga Böhmers und die Wichtigkeit der Erhaltung ihres Gesamtnachlasses erkannt wurden.

Zu dieser Darstellung gibt es durchaus auch andere Ansichten und heutige Rechtfertigungen zu damaligen Handlungen. Doch entscheidend ist das Ergebnis: Der Nachlaß Marga Böhmers ist geschlossen mit Mitteln des Landkreises Güstrow, der Stadt Güstrow, der Nord/LB, der Provinzial-Versicherung, von Frau Dr. Eva Klupsch, Ältestenrat des Landtages, von privaten Spendern und schließlich mit den durch die Initiativgruppe gesammelten Spenden durch die Ernst Barlach Stiftung aufgekauft worden und damit dem Land Mecklenburg-Vorpommern und damit der Allgemeinheit erhalten geblieben.

Das vorliegende Buch stellt einen Anfang für die Forschungen um das Leben und Werk Marga Böhmers, über ihren Anteil am künstlerischen Schaffen Ernst Barlachs und an ihrer Mitwirkung zur Erhaltung seines Gesamtwerkes dar.

In diesem Zusammenhang möchte sich der Verlag auch für die wertvollen Hinweise von Herrn Dr. Volker Probst, Ernst Barlach Stiftung Güstrow, bedanken.

Für weitergehende und sachliche Hinweise sind Autorin und Verlag jederzeit dankbar.

Dr. Margot Krempien, Demmler Verlag

Schwerin, im Herbst 1996

Biographisches

Am 3. November 1887 wird Margarethe Charlotte Henriette Graeber in Stolberg im Harz geboren. Eltern: Friedrich Wilhelm Graeber (gräflicher Baurat) und Sophie Graeber (geborene Huyhsen). Geschwister: Lilli (1885–?) und Sophie genannt Phia (1889–1961).

1892 Umzug der Familie Graeber nach Bielefeld.

1893–1902 Besuch der Töchterschule in Bielefeld

1902–1907 Aufenthalt in Hilden bei Düsseldorf und in Columbier (französische Schweiz). Ein Musikstudium wird wegen einer Handverletzung abgebrochen.

Danach Studium an der Kunstgewerbeschule in Bielefeld, wo sie Bernhard Böhmer kennenlernt.

1917 Heirat mit Bernhard Böhmer (1892–1945)

1913–1918 Aufenthalt in Krefeld

1915 ist Marga Böhmer als Tierbildhauerin tätig.

ab 1922 vermutlich in Mecklenburg. Aufenthalt in Liepen (bei Hohen Wangelin) und Schwaan

ab 1924 in Güstrow Haus am Heidberg

1924 wird von Marga Böhmer als das Jahr angegeben, in dem sie Ernst Barlach kennenlernte

1927 am 4. Juni werden Marga und Bernhard Böhmer geschieden

ab 1927 lebt Ernst Barlach im Böhmerhaushalt. Er bleibt dort auch wohnen nach dem Bau des Atelierhauses (1931) bis zu seiner Einlieferung in die Klinik St. Georg (Rostock) im September 1938

1945 am 29. Mai wird Marga Böhmer aus ihrem Haus am Heidberg gewiesen

ab 1945 Aufenthalt bei der Familie Theopold in der Gertrudenkapelle und in Barlachs ehemaliger Werkstatt in der Schützenstraße

1951 Ende Januar bezieht Marga Böhmer die für sie eingerichtete Wohnung im Dachgeschoß der Gertrudenkapelle

1953-1969 Betreuung der Ernst-Barlach-Gedenkstätte in der Gertrudenkapelle

1969 am 25. März stirbt Marga Böhmer. Die Trauerfeier findet am 31. März 1969 in der Gertrudenkapelle statt, die Urnenbeisetzung am 9. August 1969 in Ratzeburg.

1996 Errichtung einer Gedenktafel für Marga Böhmer an der Gertrudenkapelle in Güstrow

Personenerläuterungen

– Böhmer, Bernhard (1892-1945), Maler und Kunsthändler, von 1917 bis 1927 verheiratet mit Marga Böhmer, von 1926 bis 1938 Sekretär Barlachs, ab 1939 Geschäftsführer des Barlach-Gremiums
– Cassirer, Paul (1871-1926), Kunsthändler, Verleger, Förderer und Freund von Barlach. Ehemann von Tilla Durieux
– Droß, Friedrich (1886-1972), Jurist, Mitglied im Barlach-Gremium, Herausgeber der Briefe und des dichterischen Werkes von Barlach im Piper-Verlag
– Durieux, Tilla (1880-1971), Schauspielerin und mit Ernst Barlach befreundet
– Franck, Hans (1879-1964), Schriftsteller, 1961 erscheint von ihm im Kreuz-Verlag Stuttgart eine Barlach-Biographie
– Fühmann, Franz (1922–1984), Schriftsteller, 1963 erscheint von ihm die Novelle „Barlach in Güstrow", mehrfach veröffentlicht auch unter dem Titel „Das schlimme Jahr"
– Harmsen, Hans (1899–1989),Vorsitzender der Barlach-Gesellschaft von 1956 bis 1981, mit Marga Böhmer befreundet
– Havemann, Hedwig (1893–1994), ab 1926 Freundschaft mit Marga Böhmer bis zu ihrem Tod, verheiratet mit dem Rechtsanwalt von Barlach
– Johnson, Uwe (1934–1984), Schriftsteller, verbrachte seine Schulzeit in Güstrow, ab Anfang der sechziger Jahre persönliche und briefliche Kontakte zum Sohn von Friedrich Schult
– Kollwitz, Käthe (1867–1945), Graphikerin, Malerin, Bildhauerin, die Anklage gegen den Krieg stand im Mittelpunkt ihrer Werke, sie zeichnete Barlach auf seinem Totenlager
– Körtzinger, Hugo (1892–1967), Bildhauer und Kunstberater von Hermann F. Reemtsma
– Modersohn-Becker, Paula (1876–1907), Malerin und Graphikerin, arbeitete in der Künstlerkolonie Worpswede
– Piper, Reinhard (1879–1953),Verleger, Förderer und Freund von Barlach
– Reemtsma, Hermann Fürchtegott (1892–1961), Kaufmann, Industrieller, sichert ab Mitte der 30er Jahre durch Aufträge die materielle Existenz Barlachs, seit 1962 werden im Ernst Barlach Haus, Stiftung Hermann F.Reemtsma in Hamburg eine reiche Sammlung sowie Dokumente zu Leben und Werk Barlachs gezeigt
– Schult, Friedrich (1889–1978), Zeichenlehrer, Schriftsteller, Graphiker, Geschäftsführer des Barlachnachlasses in Güstrow von 1945–1978, Bearbeiter der Werkverzeichnisse

– Schwab, Rosa Limona (1880–1936), Mutter von Barlachs Sohn Nikolaus
– Schwartzkopff, Johannes (1889–1968), Dompfarrer in Güstrow, Freund von Barlach und Marga Böhmer
– Rehfeld, Gertrud (Trudi genannt) (1888–1967), lebte in Güstrow, seit den 50er Jahren mit Marga Böhmer befreundet
– Wagner, Annalise (1903–1986), Heimatforscherin, Autorin, mit Marga Böhmer befreundet, gründete 1956 das Karbe-Wagner Archiv, stiftete es 1973 ihrer Vaterstadt Neustrelitz

Zitatnachweis

Hinweis des Verlages: Alle Zitate sind in der Original-schreibweise übernommen worden. Die Zitate Marga Böhmers sind kursiv gesetzt. Hinter den Quellen des Zitatnachweises befinden sich die jeweiligen Zitatnummern.

Albrecht, Dietmar- Literaturreisen Barlach in Wedel, Hamburg, Ratzeburg und Güstrow, Ernst Klett Verlag 1990, 52, 74

Archivalien- Ernst Barlach Museum Altes Vaterhaus Ratzeburg, 91, 106, 114, 115, 116, 121, 122, 124, 125, 145, 146, 147, 190, 191

Archivalien- Karbe-Wagner Archiv Neustrelitz, 89

Archivalien- Stadtarchiv Güstrow, 96

Barlach, Ernst, Briefe an Marga Böhmer (Ernst Barlach Stiftung Güstrow), 1, 2, 3, 4, 9, 13, 14, 15, 18, 19, 20, 21, 26, 32, 34, 35, 42, 43, 44, 48, 49, 81, 85, 86, 128, 174, 183, 184, 185, 189, 193

Barlach, Ernst, Die Briefe 1888-1938, Hinstorff Verlag Rostock, 1972, 5, 7, 16, 22, 25, 31, 46, 53, 54, 58, 66

Barlach, Ernst, Güstrower Tagebuch, in Auswahl herausgegeben und kommentiert von Elmar Jansen, Union Verlag Berlin 1978, 10, 12

Böhmer, Marga, Bibliothek Nr. 159, 172, 174, 180

Ernst Barlach Stiftung Güstrow, 170, 171, 172, 173, 175

Böhmer, Marga, Brief vom 31. 12. 1925 an Ernst Barlach Ernst Barlach Stiftung Güstrow, 8

Böhmer, Marga, Karten und Briefe an ihre Schwestern und ihren Schwager (Privatbesitz), 6, 45, 92, 98, 111, 112, 117, 118, 119, 136, 162, 163

Böhmer, Marga, Karten und Briefe an Gertrud Rehfeld (Privatbesitz), 140, 151, 155, 156, 158, 159, 166, 167

Böhmer, Marga, Karten und Briefe an das Ehepaar Theopold (Privatbesitz), 78

Böhmer, Marga- Schreiben zu Roger Loewig von 1964 (Privatbesitz), 177

Ernst-Barlach-Gedenkstätte (Katalog). Herausgegeben vom Heimatmuseum Güstrow mit Unterstützung der Deutschen Akademie der Künste zu Berlin und des Barlach-Kuratoriums 1962, 139

Ernst Barlach Gesellschaft. Den Mitgliedern und Freunden zur Jahreswende 1969/1970, 187, 188

Freundesworte- Ernst Barlach zum Gedächtnis, Privatdruck Hamburg, 1939, 72, 73

Havemann, Hedwig, Briefe von Ernst Barlach und Marga Böhmer an Paul und Hedwig Havemann (Privatbesitz), 24, 33, 36, 37, 38, 39, 40, 41, 47, 55, 56, 57, 59, 60, 61, 62, 63, 65, 69

Jahresheft 1993/1994 der Ernst Barlach Gesellschaft,93, 94, 95, 108, 113

Karten und Briefe an Marga Böhmer,34 Mappen (Ernst Barlach Stiftung Güstrow), 109, 178, 179, 194

Lempertz Auktion 718, Katalog Kunsthaus Lempertz Köln, 1995, 50, 51

Loewig, Roger, Licht und Schatten, Erfahrungen eines deutschen Künstlers in Ost und West, eine Dokumentation zusammengetragen von einem Freund, Schriftenreihe der Akademie Sankelmark, Neue Folge 42/43, 1978, 176

Museum der Stadt Güstrow, Barlach in Güstrow-Dokumente aus acht Jahrzehnten, 1988, 28, 29, 71, 84

Neue Berliner Illustrierte, Nr. 43, 1963, 17

Ochwadt, Curd, Ernst Barlach, Hugo Körtzinger und Hermann Reemtsma-Hejo-Verlag Hannover, 1988, 64, 67, 68, 70

Piper, Reinhard, Mein Leben als Verleger, R. Piper & Co Verlag München, 1950, 11

Schult, Friedrich, Barlach im Gespräch, Insel-Verlag, 1985, 87

Schurek, Paul, Begegnungen mit Barlach, Evangelische Verlagsanstalt Berlin, 1957, 30, 77

Wagner, Annalise, Marga Böhmer, Lebensgefährtin Ernst Barlachs (Ihr Kampf um die Gedenkstätte Gertruden Güstrow), 1978/79, Karbe-Wagner-Archiv, 23, 27, 75, 76, 79, 80, 82, 83, 88, 90, 97, 99, 100, 101, 102, 103, 104, 105, 107, 110, 120, 123, 126, 127, 129, 130, 131, 132, 133, 134, 135, 137, 138, 141, 142, 143, 144, 148, 149, 150, 152, 153, 154, 157, 160, 161, 164, 165, 168, 169, 180, 181, 182, 186, 192

Weitere Quellen- und Literaturhinweise

Barlach, Ernst, Das dichterische Werk in drei Bänden, Piper Verlag München, 1956, 1958, 1959

Barlach, Ernst, Der gestohlene Mond, Suhrkamp Verlag vorm. S. Fischer Berlin und Frankfurt/Main, 1948

Böhmer, Marga, Karte an Ernst Barlach, Ernst Barlach Stiftung Güstrow

Böhmer, Marga, Fotoalbum, Ernst Barlach Stiftung Güstrow

Crepon, Tom, Leben und Leiden des Ernst Barlach, Hinstorff, 1990

Duplikate aus dem Archiv des Bundesbeauftragten für Unterlagen des Staatssicherheitsdienstes der ehemaligen DDR

Entartete Kunst Das Schicksal der Aventgarde im Nazideutschland, VG Bild-Kunst 1992

Ernst Barlach Gesellschaft. Alle Jahreshefte von 1969 bis1994

Fühmann, Franz, Barlach in Güstrow, Verlag Philipp Reclam jun., 1977

Fühmann, Franz, Ernst Barlach, Das Wirkliche und Wahrhaftige, Hinstorff, 1970

Jansen, Elmar, Ernst Barlach Werk und Wirkung, Union Verlag Berlin, 1972

Kleberger, Ilse, Ernst Barlach, Der Wanderer im Wind, Deutscher Taschenbuchverlag, 1986

Theopold, Wolfgang, Ernst Barlachs „Güstrower Tagebuch" zur formalen und inhaltlichen Eigenart, Dissertation, Fakultät für Geistes- und Sozialwissenschaften der Universität Hannover 1982

Foto- und Bildnachweis

Hinweis vom Verlag: Einige Seitennummern tretn bei der Ernst Barlach Stiftung und Uwe Seemann doppelt auf, da Uwe Seemann die Reproduktionen anfertigte, die Bilddokumente sich aber im Bestand der Stiftung befinden.

Ernst Barlach Stiftung, Güstrow, Titelfoto u. S. 2, 7, 12, 13, 18, 19, 23, 27, 31, 33, 35, 36, 39, 44, 47, 55, 60, 62, 82, 83, 86, 96, 121, 122, 145, 150, 156, 217

Ernst Barlach Gesellschaft, Jahrbuch 1993/94, S. 21, S. 37 im vorliegenden Buch

Block, Helmut, Güstrow, S. 162

Familienbesitz Udo Bruhns, S. 14, 21, 25, 56, 65, 66, 67, 92, 93, 95, 97, 100, 147, 149, 219, 226, 227

Karbe-Wagner Archiv Neustrelitz, S. 173

Kegebein, Adolf (Reproduktionen Uwe Seemann), S. 26, 42, 87, 203

Seemann Uwe, Güstrow(Reproduktionen), S. 2, 27, 31, 33, 39, 42, 47, 55, 60, 62, 63, 87, 98, 121, 122, 124, 144, 145, 150, 167

Theopold, Wolfgang, S. 53, 75, 85

Ohne die Hilfe zahlreicher Menschen hätte dieses Buch nicht geschrieben werden können. Viele von ihnen sind in den einzelnen Kapiteln namentlich erwähnt. Außer den bereits Genannten gilt mein Dank:

Ursula Baring, Horst Bastian (†), Anke Brandt, Mathias Ebert, Dr. Ul Eisel, Dr. Sabine Hahn, Ute Helling, dem Ehepaar Kehrwieder, Dr. Anneliese Klug, Dr. Hans-Jürgen Klug, Ira Koch, Dr. Bärbel Kovalevski, Fritz Luckmann, Edith Muswick, Dr. Dr. Dieter Pocher, Friedrich Schult jun., Frl. Unruh, Hanning Warscychek, Sabine Weltzien, Harald Witzke, dem Ehepaar Ziemann und vielen anderen, die mich unterstützt und ermutigt haben.

Ditte Clemens, im Sommer 1996

Zur Autorin

Foto: Franziska Clemens

Ditte Clemens wurde 1952 in einem Altweibersommer auf
der Insel Rügen geboren. Nach der Schulzeit in Rostock
Mathematik-Physik-Studium an der Hochschule in Güstrow.
1978 Promotion zum Dr. paed., insgesamt 16 Jahre Lehrtätig-
keit (Mathematik) an der Güstrower Hochschule. Seit 1993
ist Ditte Clemens als freie Journalistin und Autorin tätig. Von
ihr wurden bisher literarische Reisebilder aus Mecklenburg,
Kindergeschichten (im R. Oldenboug Verlag, ZDF, ORB und
im Bayerischen Rundfunk) sowie Kinderreiseführer veröffentlicht. 1993 erschien von ihr „Schweigen über Lilo" (doku-
mentarische Erzählung über Liselotte Herrmann, Ravens-
burger Buchverlag) 1995 als Taschenbuchausgabe.

Im Demmler Verlag bisher erschienen (Auswahl):

Bücher zur Kultur- und Landesgeschichte, zur Natur und Umwelt und
Reiseliteratur über Mecklenburg-Vorpommern

Jürgen und Erika Borchardt
MECKLENBURGS HERZÖGE
Ahnengalerie Schloß Schwerin
122 S., 35 Farbf., Broschur, 14.80 DM
ISBN 3-910150-07-1

Jürgen Borchert
MECKLENBURGS GROSSHERZÖGE
120 S., 10 s/w Fotos, 17 Farbfotos
Broschur, 19.80 DM
ISBN 3-910150-14-4

Margot Krempien
G. A. DEMMLER (1804–1886)
Schweriner Schloßbaumeister
128 S, 62 s/w Fotos, 13 Farbfotos
Broschur, 14.80 DM
ISBN 3-910150-06-3

Klaus-Henning Schroeder
DAVIDS' ENKEL
Eine Jugend in Schwerin
Broschur, 22,– DM
ISBN 3-910150-08-X

Jürgen Borchert
SPAZIERGÄNGE in Mecklenburg
144 S., mit 12 farbigen Pastellen
und 30 s/w Zeichnungen von Horst
Schmedemann, Hardcover, 24.80 DM
ISBN 3-910150-20-9

Brigitte Birnbaum
ERNST BARLACH
Annäherungen
136 Seiten, 24 s/w Abbildungen
Hardcover, 24,80 DM
ISBN 3-910150-32-2

Brigitte Birnbaum
FONTANE in Mecklenburg
144 S., 47 s/w Fotos
Hardcover, 24.80 DM
ISBN 3-910150-22-5

Jürgen Borchert
ALEXANDRINE
Die „Königin" von Mecklenburg
176 S., 36 s/w Fotos, Hardcover, 29.80 DM
ISBN 3-910150- 29-2

Werner Stockfisch
FARBENKLÄNGE
Der Künstler Rudolf Gahlbeck
120 S., 14 s/w und 46 farbige Abbildungen
Hardcover, 26.80 DM
ISBN 3-910150-28-4

Werner Lindemann
GEDANKEN sind Kinder der Stille
80 Seiten, 10 farbige Pastelle von Horst
Schmedemann, Hardcover, 19.80 DM
ISBN 3-910150-21-7

Werner Stockfisch
MECKLENBURG in Bildern
von Wilhelm Facklam
72 S., 31 Farbabbildungen
Hardcover, 24.80 DM
ISBN 3-910150-19-5

In Vorbereitung (u. a.):

FRIEDRICH SCHULT

Erscheinen: Frühjahr 1997

Im Buchhandel oder direkt beim Verlag erhältlich.
Fordern Sie auch das Gesamtverzeichnis der lieferbaren Titel des Verlages an.
Demmler Verlag · Dr. M. Krempien · Bahnhofstraße 36 · 19057 Schwerin
Telefon/Fax (03 85) 4 84 49 79